1. Auflage 2025
Copyright © 2025 Zusan Osmani

Verlag: BoD · Books on Demand GmbH,
Überseering 33,
22297 Hamburg,
bod@bod.de
Druck: Libri Plureos GmbH,
Friedensallee 273,
22763 Hamburg
ISBN: 978-3-8192-1115-7

# ADVANCED BUSINESS ENGLISCH

## FÜR HR-MANAGER/INNEN

### 2. Praxisorientierter Leitfaden auf Deutsch und Englisch

Zusan Osmani

# TABLE OF CONTENT

# FOREWORD

In today's fast-paced and interconnected business world, communication is more than just exchanging information—it is the foundation of strong leadership, effective teamwork, and successful business strategies. For HR professionals, managers, and aspiring business leaders, mastering advanced business English is essential to navigate complex workplace interactions, foster collaboration, and drive organizational success.

This book is designed to equip professionals and students with the language skills they need to excel in HR and corporate business settings. From conducting negotiations and managing conflicts to delivering impactful presentations and writing persuasive policies, this guide provides practical insights, exercises, and real-world scenarios.

Whether you are a seasoned HR professional, a leader striving for clearer communication, or a student preparing for your career, this book will be your trusted resource for mastering advanced business English in professional contexts.

# VORWORT

In der heutigen schnelllebigen und vernetzten Geschäftswelt ist Kommunikation mehr als nur der Austausch von Informationen – sie ist das Fundament für starke Führung, effektive Zusammenarbeit und erfolgreiche Unternehmensstrategien. Für HR-Fachkräfte, Führungskräfte und angehende Business-Profis ist fortgeschrittenes Business-Englisch unerlässlich, um komplexe berufliche Situationen souverän zu meistern, Zusammenarbeit zu fördern und Unternehmen erfolgreich zu machen.

Dieses Buch vermittelt Fachkräften und Studierenden die sprachlichen Kompetenzen, die sie im HR- und Unternehmensumfeld benötigen. Ob bei Verhandlungen, im Konfliktmanagement, bei Präsentationen oder in der Erstellung überzeugender Richtlinien – praxisnahe Einblicke, Übungen und realitätsnahe Szenarien helfen dabei, die Kommunikationsfähigkeiten gezielt zu verbessern.

Egal, ob Sie eine erfahrene HR-Fachkraft, eine Führungskraft mit dem Ziel klarer Kommunikation oder ein Studierender auf dem Weg in die Berufswelt sind – dieses Buch wird Ihr verlässlicher Begleiter für fortgeschrittenes Business-Englisch im professionellen Kontext sein.

# SALARY NEGOTIATION

# GEHALTSVERHANDLUNG

# MASTERING SALARY NEGOTIATIONS IN BUSINESS ENGLISH

Negotiating a salary is a crucial skill for professionals in any industry. Effective communication, strategic argumentation, and a balance between assertiveness and diplomacy are essential to reaching a mutually beneficial agreement. This chapter provides key strategies, polite phrasing, and a structured dialogue demonstrating how to conduct a successful salary negotiation in English.

## Key Strategies for Salary Negotiations

1. **Preparation**: Research industry standards, company budgets, and your own market value.
2. **Confidence and Professionalism**: Maintain a calm and respectful tone.
3. **Justification**: Present clear reasons for your salary expectations, such as skills, experience, and achievements.
4. **Active Listening**: Acknowledge the employer's perspective and be open to discussion.
5. **Flexibility and Compromise**: Consider additional benefits if salary demands cannot be fully met.

# GEHALTSVERHANDLUNGEN AUF ENGLISCH MEISTERN

Die Gehaltsverhandlung ist eine entscheidende Fähigkeit für Fachkräfte in jeder Branche. Effektive Kommunikation, strategische Argumentation und eine Balance zwischen Durchsetzungsvermögen und Diplomatie sind unerlässlich, um eine für beide Seiten vorteilhafte Einigung zu erzielen. Dieses Kapitel bietet wichtige Strategien, höfliche Formulierungen und einen strukturierten Dialog, der zeigt, wie eine erfolgreiche Gehaltsverhandlung auf Englisch geführt werden kann.

## Wichtige Strategien für Gehaltsverhandlungen

1. **Vorbereitung**: Recherchieren Sie Branchenstandards, Unternehmensbudgets und Ihren eigenen Marktwert.
2. **Selbstbewusstsein und Professionalität**: Bewahren Sie einen ruhigen und respektvollen Ton.
3. **Begründung**: Legen Sie klare Argumente für Ihre Gehaltsvorstellungen dar, wie Fähigkeiten, Erfahrung und Erfolge.
4. **Aktives Zuhören**: Berücksichtigen Sie die Perspektive des Arbeitgebers und seien Sie offen für Gespräche.
5. **Flexibilität und Kompromissbereitschaft**: Ziehen Sie zusätzliche Vorteile in Betracht, falls die Gehaltsforderungen nicht vollständig erfüllt werden können.

# Polite and Effective Phrases for Negotiation

- "Based on my research and experience, I believe a salary of [$X] would reflect my skills and contributions."
- "I appreciate the offer and would like to discuss the compensation package further."
- "I understand budget constraints; however, is there flexibility regarding bonuses or other benefits?"
- "I am excited about this opportunity and would love to find a solution that works for both of us."

*Remember:*

Successful salary negotiations require preparation, effective communication, and a willingness to find common ground. By using professional language and strategic negotiation techniques, you can achieve a satisfying agreement while maintaining a positive relationship with your employer. Practicing these skills will enhance your ability to navigate professional discussions with confidence and professionalism.

# Höfliche und effektive Formulierungen für Verhandlungen

- „Basierend auf meiner Erfahrung und Marktrecherche halte ich ein Gehalt von [$X] für angemessen."
- „Ich schätze das Angebot sehr und würde die Vergütung gerne weiter besprechen."
- „Ich verstehe die Budgetbeschränkungen. Gibt es jedoch Spielraum bei Boni oder Zusatzleistungen?"
- „Ich bin begeistert von dieser Möglichkeit und würde gerne eine Lösung finden, die für beide Seiten passt."

*Merke:*

Erfolgreiche Gehaltsverhandlungen erfordern Vorbereitung, effektive Kommunikation und die Bereitschaft, einen gemeinsamen Nenner zu finden. Durch professionelle Sprache und strategische Verhandlungstechniken können Sie eine zufriedenstellende Einigung erzielen und gleichzeitig eine positive Beziehung zum Arbeitgeber bewahren. Das Üben dieser Fähigkeiten wird Ihr Selbstvertrauen und Ihre Professionalität in beruflichen Gesprächen stärken

**Employee (John)**  **und Manager (Sarah)** **S**

Thank you for taking the time to meet with me today. I've  really enjoyed working here over the past year and appreciate the opportunities for growth and development. I wanted to discuss my current compensation, as I believe it's time for a salary adjustment in line with my contributions.

**S** Thank you, John. I'm glad to hear that you're enjoying your role and the opportunities here. Let's dive into your compensation. Could you outline the reasons why you believe a salary increase is justified?

Absolutely. Over the past year, I've taken on additional re-  sponsibilities, such as leading the marketing team during the product launch, which resulted in a 15% increase in sales. Additionally, I've consistently exceeded my performance goals, and I've been mentoring junior members of the team to improve overall productivity.

**S** I've noticed your hard work and the impact it's had on the team. You've certainly made significant contributions, especially during the product launch. However, as you know, we've had some budget constraints this year. While I recognize your efforts, we need to balance the company's financial situation with salary adjustments. What kind of increase are you expecting?

I understand the company's position. Based on my re-  search and the market rates for my role, along with the added responsibilities I've taken on, I believe a 10% salary increase would reflect my contributions fairly.

**Mitarbeiter (John)**  **und Managerin (Sarah)**

Vielen Dank, dass Sie sich heute Zeit für mich genommen haben. Ich habe die Arbeit hier im letzten Jahr wirklich sehr genossen und schätze die Möglichkeiten zur Weiterentwicklung sehr. Ich möchte heute über meine derzeitige Vergütung sprechen, da ich der Meinung bin, dass es an der Zeit ist, mein Gehalt an meine Leistungen anzupassen.

Vielen Dank, John. Es freut mich zu hören, dass dir deine Rolle und die Chancen hier gefallen. Lass uns über deine Vergütung sprechen. Kannst du mir die Gründe darlegen, warum du eine Gehaltserhöhung für gerechtfertigt hältst?

Sehr gerne. Im vergangenen Jahr habe ich zusätzliche Verantwortung übernommen, zum Beispiel habe ich während der Produkteinführung das Marketing-Team geleitet, was zu einem Umsatzanstieg von 15 % geführt hat. Außerdem habe ich meine Leistungsziele durchweg übertroffen und die jüngeren Teammitglieder betreut, um die Gesamtproduktivität zu steigern.

Ich habe deine harte Arbeit und die Auswirkungen auf das Team bemerkt. Du hast definitiv bedeutende Beiträge geleistet, besonders während der Produkteinführung. Wie du weißt, hatten wir dieses Jahr allerdings einige Budgetbeschränkungen. Während ich deine Leistungen anerkenne, müssen wir die finanzielle Situation des Unternehmens mit Gehaltsanpassungen in Einklang bringen. An welche Gehaltserhöhung hast du denn gedacht?

I appreciate that you've done your research. A 10% increase is on the higher side, given the budget constraints we're facing. However, I don't want you to feel undervalued. Would you be open to considering other forms of compensation, such as an additional bonus or stock options?

I'm certainly open to discussing other forms of compensation. However, I do believe that a salary increase is the most appropriate reflection of my ongoing contributions. A one-time bonus or stock options are valuable, but they don't provide the same long-term financial security.

That's a fair point. How about this: We could offer a 6% salary increase now, and review your compensation again in six months once the company's financial situation has stabilized. Additionally, I'm happy to offer a performance-based bonus tied to the next project you're leading, which could provide further financial reward based on your success.

I appreciate your flexibility. The 6% increase and the performance-based bonus sound like a reasonable compromise. However, I would like to ensure that the salary review in six months is guaranteed and that we set clear goals for it.

Absolutely. We can document this agreement and set measurable goals for the next six months to ensure transparency and fairness during the review process. If you continue performing at the level you have been, I'm confident we can discuss a further adjustment at that time.

That sounds fair. I'm happy to move forward with this plan.  Thank you for your understanding and for being open to this discussion.

Ich verstehe die Situation des Unternehmens. Auf Grundlage meiner Recherchen und der Marktgehälter für meine Position sowie der zusätzlichen Verantwortung, die ich übernommen habe, halte ich eine Gehaltserhöhung von 10 % für eine faire Abbildung meiner Leistungen.

 Ich schätze es, dass du dich informiert hast. Eine Erhöhung von 10 % liegt angesichts unserer derzeitigen Budgetlage am oberen Ende. Ich möchte aber auch nicht, dass du dich unterbewertet fühlst. Wäre es für dich eine Option, andere Formen der Vergütung wie einen zusätzlichen Bonus oder Aktienoptionen in Betracht zu ziehen?

Ich bin durchaus offen dafür, über andere Vergütungsformen zu sprechen. Allerdings bin ich der Meinung, dass eine Gehaltserhöhung die angemessenste Anerkennung für meine fortlaufenden Leistungen wäre. Ein einmaliger Bonus oder Aktienoptionen sind wertvoll, bieten aber nicht die gleiche langfristige finanzielle Sicherheit.

 Das ist ein berechtigter Punkt. Wie wäre folgender Vorschlag: Wir könnten dir jetzt eine Gehaltserhöhung von 6 % anbieten und deine Vergütung in sechs Monaten erneut prüfen, sobald sich die finanzielle Situation des Unternehmens verbessert hat. Außerdem möchte ich dir einen leistungsabhängigen Bonus für das nächste Projekt anbieten, das du leitest — das könnte dir je nach Erfolg eine zusätzliche finanzielle Anerkennung bringen.

Ich weiß Ihre Flexibilität zu schätzen. Die 6 % und der leistungsabhängige Bonus klingen nach einem fairen Kompromiss. Allerdings möchte ich sicherstellen, dass die Gehaltsüberprüfung in sechs Monaten verbindlich festgehalten wird und wir dafür klare Ziele definieren.

You're welcome, John. I'm glad we could come to an agreement. I'll have HR formalize the changes and set up a meeting for the six-month review. Keep up the great work — you're an important part of this team.

Thank you, Sarah. I appreciate your support and I'm looking forward to continuing to contribute to the team's success.

*Evaluation of the Dialogue:*

**John's Strategy:** He begins the conversation politely and highlights his positive contributions in order to set the foundation for his request for a salary increase.

**Sarah's Tactic:** She acknowledges John's performance but refers to budget constraints to limit the size of the salary increase. At the same time, she shows flexibility by offering alternative forms of compensation.

**Willingness to Compromise:** Both parties are prepared to make concessions. John accepts a smaller salary increase than originally requested, while Sarah offers a future review and a performance-based bonus.

This dialogue demonstrates a diplomatic and respectful negotiation in which both sides achieve a positive outcome

**S** Auf jeden Fall. Wir können diese Vereinbarung dokumentieren und für die nächsten sechs Monate messbare Ziele festlegen, um beim Überprüfungsgespräch für Transparenz und Fairness zu sorgen. Wenn du weiterhin so gute Leistungen bringst, bin ich zuversichtlich, dass wir dann über eine weitere Anpassung sprechen können.

Das klingt fair. Ich bin einverstanden, diesen Plan so umzusetzen. Vielen Dank für Ihr Verständnis und dass Sie offen für dieses Gespräch waren. **J**

**S** Sehr gerne, John. Ich freue mich, dass wir eine Einigung gefunden haben. Ich werde HR beauftragen, die Änderungen zu formalisieren und einen Termin für die Überprüfung in sechs Monaten zu vereinbaren. Mach weiter so — du bist ein wichtiger Teil unseres Teams.

Vielen Dank, Sarah. Ich schätze Ihre Unterstützung sehr und freue mich darauf, weiterhin zum Erfolg des Teams beizutragen. **J**

# Nützliche Vokabel

| Englisch | Deutsch |
| --- | --- |
| salary expectation | Gehaltsvorstellung |
| compensation package | Vergütungspaket |
| base salary | Grundgehalt |
| performance bonus | Leistungsbonus |
| cost of living adjustment | Anpassung an die Lebenshaltungskosten |
| stock options | Aktienoptionen |
| signing bonus | Unterschriftsbonus |
| non-monetary benefits | Nicht-monetäre Zusatzleistungen |
| counteroffer | Gegenangebot |
| salary review | Gehaltsüberprüfung |
| | |
| | |
| | |
| | |
| | |

Notiere dir weitere Vokabel

*Auswertung des Dialogs:*

John's Strategie: Er beginnt das Gespräch höflich und betont seine positiven Beiträge, um die Basis für seine Forderung nach einer Gehaltserhöhung zu legen.

Sarah's Taktik: Sie erkennt Johns Leistung an, aber verweist auf die Budgetbeschränkungen, um die Höhe der Gehaltserhöhung zu begrenzen. Gleichzeitig zeigt sie Flexibilität und bietet alternative Vergütungsformen an.

Kompromissbereitschaft: Beide Parteien sind bereit, Zugeständnisse zu machen. John akzeptiert eine geringere Gehaltserhöhung als ursprünglich gefordert, während Sarah eine zukünftige Überprüfung und einen Bonus anbietet.

Dieser Dialog zeigt eine diplomatische und respektvolle Verhandlung, bei der beide Seiten ein positives Ergebnis erzielen.

# ESCALATION DISCUSSION

# ESKALATIONSGESPRÄCH

# HANDLING ESCALATIONS IN BUSINESS ENGLISH

In a professional environment, issues can sometimes escalate when they cannot be resolved at an initial level. Effective communication is crucial to ensure that escalations are handled professionally, leading to constructive solutions rather than conflicts. This chapter provides key strategies, useful phrases, and a bilingual dialogue demonstrating how to navigate an escalation scenario in a business setting.

## Key Strategies for Managing Escalations

1. **Stay Calm and Professional**: Keep emotions in check and focus on solutions.
2. **Clearly Define the Issue:** Present the facts concisely and objectively.
3. **Acknowledge Concerns**: Show understanding and empathy for all parties involved.
4. **Propose Solutions:** Offer potential ways to resolve the issue collaboratively.
5. **Follow Up**: Ensure that actions are taken and the problem does not persist.

# UMGANG MIT ESKALATIONEN IM GESCHÄFTSENGLISCH

In einem professionellen Umfeld können Probleme manchmal eskalieren, wenn sie nicht auf der ersten Ebene gelöst werden können. Eine effektive Kommunikation ist entscheidend, um sicherzustellen, dass Eskalationen professionell gehandhabt werden und zu konstruktiven Lösungen führen, anstatt Konflikte zu verursachen. Dieses Kapitel bietet wichtige Strategien, nützliche Formulierungen und einen zweisprachigen Dialog, der zeigt, wie man eine Eskalation in einem geschäftlichen Umfeld erfolgreich bewältigt.

## Wichtige Strategien für den Umgang mit Eskalationen

1. **Ruhe bewahren und professionell bleiben**: Emotionen unter Kontrolle halten und sich auf Lösungen konzentrieren.
2. **Das Problem klar definieren**: Fakten präzise und objektiv darstellen.
3. **Bedenken anerkennen**: Verständnis und Empathie für alle Beteiligten zeigen.
4. **Lösungen vorschlagen**: Gemeinsam mögliche Lösungswege erarbeiten.
5. **Nachverfolgen**: Sicherstellen, dass Maßnahmen ergriffen werden und das Problem nicht weiter besteht.

# Useful Phrases for
# Escalation Discussions

- *„I appreciate your concern and will look into this matter imme-diately."* (Ich verstehe Ihre Bedenken und werde die Angele-genheit umgehend prüfen.)
- *„Could you provide more details so we can find the best so-lution?"* (Könnten Sie weitere Details geben, damit wir die beste Lösung finden?)
- *„Let's work together to resolve this in a way that benefits ever-yone."* (Lassen Sie uns gemeinsam eine Lösung finden, die für alle vorteilhaft ist.)
- *„I understand the urgency, and I will escalate this to the appro-priate department."* (Ich verstehe die Dringlichkeit und wer-de das an die zuständige Abteilung weiterleiten.)

*Remember:*

Handling escalations professionally ensures that problems are addressed efficiently without creating unnecessary con-flicts. By using clear, diplomatic, and solution-oriented com-munication, both employees and managers can work toge-ther to resolve issues effectively. Mastering these skills in business English will help you navigate workplace challen-ges with confidence and professionalism.

# Nützliche Formulierungen für Eskalationsgespräche

- *„Ich verstehe Ihre Bedenken und werde die Angelegenheit umgehend prüfen."* („I appreciate your concern and will look into this matter immediately.")
- *„Könnten Sie weitere Details geben, damit wir die beste Lösung finden?"* („Could you provide more details so we can find the best solution?")
- *„Lassen Sie uns gemeinsam eine Lösung finden, die für alle vorteilhaft ist."* („Let's work together to resolve this in a way that benefits everyone.")
- *„Ich verstehe die Dringlichkeit und werde das an die zuständige Abteilung weiterleiten."* („I understand the urgency, and I will escalate this to the appropriate department.")

*Merke:*

Ein professioneller Umgang mit Eskalationen stellt sicher, dass Probleme effizient gelöst werden, ohne unnötige Konflikte zu verursachen. Durch eine klare, diplomatische und lösungsorientierte Kommunikation können sowohl Mitarbeiter als auch Führungskräfte gemeinsam daran arbeiten, Herausforderungen effektiv zu bewältigen. Das Beherrschen dieser Fähigkeiten im Geschäftsenglisch hilft Ihnen, berufliche Herausforderungen mit Selbstvertrauen und Professionalität zu meistern.

**Employee (Lisa)**  **und Manager (Mark)**

Hi Mark, I need to bring up an issue that I believe needs immediate attention. We've been facing some delays with the supplier for the last two weeks, and it's starting to impact our project timelines.

 Thanks for letting me know, Lisa. Can you provide more details about what's causing the delays?

The main issue is that the supplier hasn't been delivering materials on time. We've had multiple late deliveries, and their communication has been inconsistent. I've already reached out several times, but we're not seeing any improvements.

 I see. That's definitely concerning, especially given the impact on our deadlines. Have you escalated this with their management?

Yes, I've contacted their account manager, but the response has been slow, and we're still waiting for a concrete solution. At this point, I think we need to consider escalating this further.

 Agreed. Let's not wait any longer. I'll escalate this to their senior management and set up a meeting to discuss a resolution. In the meantime, could you prepare a summary of the delays and any correspondence you've had with them? This will help us make a stronger case.

Absolutely, I'll send you all the details by the end of the day.

## Mitarbeiterin (Lisa)  und Manager (Mark) M

Hallo Mark, ich muss ein Problem ansprechen, das meiner Meinung nach sofortige Aufmerksamkeit erfordert. Wir haben seit zwei Wochen Lieferverzögerungen vom Zulieferer, und das wirkt sich mittlerweile auf unsere Projektzeitpläne aus.

**M** Danke, dass du mich darüber informierst, Lisa. Kannst du mir mehr Details zu den Ursachen der Verzögerungen geben?

Das Hauptproblem ist, dass der Lieferant die Materialien nicht pünktlich liefert. Wir hatten mehrere verspätete Lieferungen und ihre Kommunikation ist inkonsistent. Ich habe schon mehrmals nachgehakt, aber es gibt keine Verbesserung.

**M** Verstehe. Das ist in der Tat besorgniserregend, vor allem wegen unserer engen Deadlines. Hast du das Problem bereits bei deren Management eskaliert?

Ja, ich habe den Account Manager kontaktiert, aber die Antwort war langsam und wir warten immer noch auf eine konkrete Lösung. An diesem Punkt denke ich, dass wir die Eskalation weiter vorantreiben müssen.

**M** Einverstanden. Wir sollten nicht länger warten. Ich werde das Problem an deren höhere Führungsebene eskalieren und ein Meeting ansetzen, um eine Lösung zu finden. Kannst du in der Zwischenzeit eine Zusammenfassung der Verzögerungen und der bisherigen Korrespondenz vorbereiten? Das wird uns helfen, unser Anliegen klar zu machen.

Great, thanks. I'll handle the escalation, and I'll keep you updated on any progress. Let's aim to resolve this before it impacts the project further.

*Evaluation of the Dialogue:*

**Lisa's Escalation:** Lisa describes the problem objectively and explains that, despite her efforts, the issue remains unresolved. She suggests escalating the matter since the measures taken so far have not been sufficient.

**Mark's Reaction:** Mark responds calmly and in a solution-oriented manner. He takes responsibility for escalating the issue to a higher level and asks Lisa to gather evidence and information in order to address the problem effectively.

The dialogue demonstrates how an escalation can be handled professionally and constructively in a business environment, without jeopardizing communication with the supplier

Auf jeden Fall, ich schicke dir alle Details bis zum Ende des Tages.

 Super, danke. Ich kümmere mich um die Eskalation und halte dich über den Fortschritt auf dem Laufenden. Wir sollten das lösen, bevor es die weiteren Projektphasen beeinträchtigt.

*Auswertung des Dialogs:*

**Lisa's Eskalation:** Lisa schildert das Problem sachlich und stellt dar, dass das Problem trotz ihrer Bemühungen ungelöst bleibt. Sie schlägt eine Eskalation vor, da die bisherigen Maßnahmen nicht ausreichend waren.

**Mark's Reaktion:** Mark geht ruhig und lösungsorientiert vor. Er übernimmt die Eskalation auf eine höhere Ebene und fordert Lisa auf, Belege und Informationen zusammenzustellen, um das Problem effektiv anzugehen.

Der Dialog zeigt, wie eine Eskalation professionell und konstruktiv in einem geschäftlichen Umfeld behandelt werden kann, ohne die Kommunikation mit dem Zulieferer zu gefährden.

# PERFORMANCE REVIEW –
## EVALUATING AND ENHANCING WORKPLACE SUCCESS

Performance reviews are a crucial part of professional development and organizational growth. They provide employees and managers with an opportunity to assess achievements, set goals, and identify areas for improvement. Conducted effectively, these reviews can boost motivation, enhance productivity, and foster open communication within a team.

In this chapter, you will learn essential vocabulary, phrases, and strategies for conducting and participating in performance reviews in an English-speaking business environment. We will cover key aspects such as giving constructive feedback, discussing strengths and weaknesses, setting performance goals, and handling challenging conversations professionally.

Whether you are a manager conducting evaluations or an employee preparing for your own review, mastering the language of performance reviews will help you navigate these discussions with confidence and clarity.

# LEISTUNGSBEWERTUNG –
## ERFOLG IM ARBEITSUMFELD EVALUIEREN UND VERBESSERN

Leistungsbewertungen sind ein wesentlicher Bestandteil der beruflichen Entwicklung und des Unternehmenswachstums. Sie bieten Mitarbeitenden und Führungskräften die Möglichkeit, Erfolge zu analysieren, Ziele zu setzen und Verbesserungspotenziale zu identifizieren. Wenn sie effektiv durchgeführt werden, können solche Gespräche die Motivation steigern, die Produktivität erhöhen und eine offene Kommunikation im Team fördern.

In diesem Kapitel lernen Sie wichtige Vokabeln, Redewendungen und Strategien für die Durchführung und Teilnahme an Leistungsbeurteilungen in einem englischsprachigen Geschäftsumfeld. Wir behandeln zentrale Aspekte wie das Geben von konstruktivem Feedback, die Besprechung von Stärken und Schwächen, das Setzen von Leistungszielen und den professionellen Umgang mit herausfordernden Gesprächen.

Egal, ob Sie als Führungskraft Bewertungen durchführen oder sich als Mitarbeitender auf Ihr eigenes Feedbackgespräch vorbereiten – wenn Sie die Sprache der Leistungsbewertung beherrschen, können Sie diese Gespräche souverän und klar führen.

**Employee (Lisa)**  **und Manager (Mark)**

 Hi Michael, thank you for taking the time to meet today. We're here to discuss your performance over the past year and to talk about your future development within the company. How are you feeling about your progress so far?

Thanks, Emily. Overall, I feel pretty good about my progress. I've taken on a few challenging projects and feel that I've contributed positively to the team. That said, I know there are areas where I can still improve.

 That's great to hear. I agree—you've made some significant contributions, particularly with the rollout of the new CRM system. The way you managed that project was impressive, and it's had a positive impact on the team's efficiency. However, I'd also like to touch on a few areas where we see room for growth. Does that sound okay?

Absolutely. I'm always open to feedback.

 Fantastic. One area where we think you could improve is in time management, especially when it comes to meeting deadlines for smaller tasks. Your larger projects are always well-executed, but some of the day-to-day tasks seem to get delayed. How do you feel about that?

I can see that. With the bigger projects, I tend to focus so much on them that I sometimes push the smaller tasks aside. I think improving my organizational skills could help with that.

**Mitarbeiter (Michael)**  **und HR Managerin (Emily)**

 Hallo Michael, danke, dass du dir heute die Zeit genommen hast. Wir sind hier, um über deine Leistung im vergangenen Jahr zu sprechen und deine zukünftige Entwicklung im Unternehmen zu besprechen. Wie fühlst du dich bezüglich deines bisherigen Fortschritts?

Danke, Emily. Insgesamt bin ich mit meinem Fortschritt ziemlich zufrieden. Ich habe einige herausfordernde Projekte übernommen und das Gefühl, dass ich positiv zum Team beigetragen habe. Trotzdem weiß ich, dass es Bereiche gibt, in denen ich mich noch verbessern kann. **M**

Das ist schön zu hören. Ich stimme dir zu – du hast einige bedeutende Beiträge geleistet, insbesondere bei der Einführung des neuen CRM-Systems. Die Art und Weise, wie du dieses Projekt gemanagt hast, war beeindruckend, und es hat sich positiv auf die Effizienz des Teams ausgewirkt. Allerdings möchte ich auch einige Bereiche ansprechen, in denen wir Verbesserungspotenzial sehen. Klingt das okay für dich?

Absolut. Ich bin immer offen für Feedback.

Fantastisch. Ein Bereich, in dem wir denken, dass du dich verbessern könntest, ist das Zeitmanagement, besonders wenn es um das Einhalten von Fristen für kleinere Aufgaben geht. Deine größeren Projekte werden immer gut umgesetzt, aber einige der täglichen Aufgaben scheinen sich zu verzögern. Wie siehst du das?

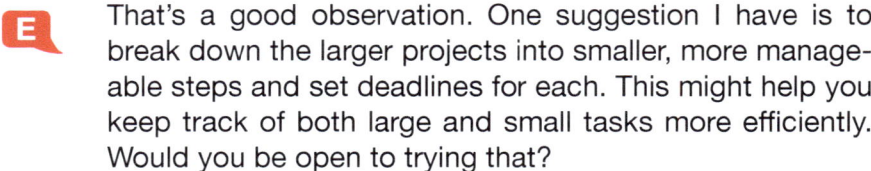 That's a good observation. One suggestion I have is to break down the larger projects into smaller, more manageable steps and set deadlines for each. This might help you keep track of both large and small tasks more efficiently. Would you be open to trying that?

Definitely. That sounds like a great approach. I'll start implementing that with my next project.

Great! In terms of development, I also wanted to discuss your career goals. Where do you see yourself growing in the next year, and how can we support that?

I'd really like to develop my leadership skills. I've enjoyed leading smaller teams, but I'd like to take on more responsibility in managing larger projects or even leading a department down the road.

That's good to know. We actually have a leadership training program that might be a perfect fit for you. It covers key areas like team management, conflict resolution, and strategic decision-making. Would you be interested in enrolling in that program?

Yes, that sounds exactly like what I need. I'd love to join the program.

Fantastic. I'll make sure you're enrolled. We'll also set some specific leadership goals for you over the next six months so you can apply what you're learning in real-time. How does that sound?

That sounds perfect, Emily. I really appreciate the opportunity and the feedback today.

Das kann ich nachvollziehen. Bei den größeren Projekten
konzentriere ich mich oft so sehr darauf, dass ich die klei-
neren Aufgaben manchmal beiseite schiebe. Ich denke,
eine Verbesserung meiner organisatorischen Fähigkeiten
könnte dabei helfen.

 Das ist eine gute Beobachtung. Ein Vorschlag, den ich
habe, wäre, die größeren Projekte in kleinere, überschau-
barere Schritte zu unterteilen und für jeden Schritt Fristen
zu setzen. Das könnte dir helfen, sowohl große als auch
kleine Aufgaben effizienter im Blick zu behalten. Wärst du
offen dafür, das auszuprobieren?

Definitiv. Das klingt nach einem tollen Ansatz. Ich werde
das bei meinem nächsten Projekt umsetzen.

 Super! Was deine Entwicklung betrifft, wollte ich auch deine Karriereziele besprechen. Wo siehst du dich im nächsten Jahr wachsen, und wie können wir dich dabei unterstützen?

Ich würde gerne meine Führungsfähigkeiten weiterentwi-
ckeln. Es hat mir Spaß gemacht, kleinere Teams zu leiten,
aber ich möchte mehr Verantwortung übernehmen, größere Projekte managen oder sogar irgendwann eine Abteilung
leiten.

 Das ist gut zu wissen. Wir haben tatsächlich ein Führungsprogramm, das sehr gut zu deinen Zielen passen könnte.
Es deckt wichtige Bereiche wie Teammanagement, Konfliktlösung und strategische Entscheidungsfindung ab.
Wärst du interessiert, an diesem Programm teilzunehmen?

Ja, das klingt genau nach dem, was ich brauche. Ich würde
gerne am Programm teilnehmen.

I'm glad to hear that. Keep up the good work, Michael, and let's check in again in a few months to review your progress.

Thank you, Emily. I'm looking forward to it!

## Evaluation of the Dialogue:

HR Manager's Approach: Emily begins by highlighting Michael's positive contributions, which builds a constructive tone for the review. She then provides balanced feedback by addressing areas of improvement, such as time management, without being overly critical.

Employee's Response: Michael shows openness to feedback and actively participates in the discussion by acknowledging his challenges and being willing to try new approaches.

Development Focus: The conversation transitions into career development, with Emily suggesting leadership training tailored to Michael's goals, providing a clear path for growth.

Fantastisch. Ich werde dafür sorgen, dass du eingeschrieben wirst. Wir werden auch einige konkrete Führungsziele für dich setzen, die du in den nächsten sechs Monaten umsetzen kannst, damit du das Gelernte direkt anwenden kannst. Wie klingt das?

Das klingt perfekt, Emily. Ich schätze die Gelegenheit und das Feedback heute sehr.

 Es freut mich zu hören, dass du das so siehst. Mach weiter so, Michael, und lass uns in ein paar Monaten wieder zusammenkommen, um deinen Fortschritt zu besprechen.

Danke, Emily. Ich freue mich darauf!

*Auswertung des Dialogs:*

**Ansatz des HR-Managers:** Emily beginnt damit, Michaels positive Beiträge hervorzuheben, was eine konstruktive Stimmung für das Gespräch schafft. Sie gibt anschließend ausgewogenes Feedback, indem sie Bereiche der Verbesserung wie das Zeitmanagement anspricht, ohne überkritisch zu sein.

**Antwort des Mitarbeiters:** Michael zeigt Offenheit für Feedback und beteiligt sich aktiv an der Diskussion, indem er seine Herausforderungen anerkennt und bereit ist, neue Ansätze auszuprobieren.

**Fokus auf Entwicklung:** Das Gespräch geht in Richtung Karriereentwicklung, wobei Emily ein Führungsprogramm vorschlägt, das auf Michaels Ziele abgestimmt ist, und ihm einen klaren Entwicklungsweg aufzeigt.

# JOB INTERVIEWS – THE PATH TO NEW CAREER OPPORTUNITIES

In today's job market, job interviews are a critical part of the hiring process for both candidates and employers. They provide an opportunity to showcase one's qualifications, experience, and career goals, while also gaining a deeper understanding of the company's requirements and expectations. In this chapter, we will take a closer look at the job interview process and explore how to prepare effectively for this challenging yet rewarding interaction—whether it's presenting your skills confidently or asking the right questions.

Job interviews can take various forms, from traditional one-on-one interviews to group discussions and even technical assessments. Particularly at an advanced English level, it's not only about expressing yourself clearly but also about presenting yourself confidently and professionally.

To gain a better understanding of the flow and dynamics of a job interview, we'll now examine a sample dialogue between a candidate and an interviewer. This example demonstrates how advanced English skills can be effectively utilized in a professional context.

# VORSTELLUNGSGESPRÄCHE – DER WEG ZU NEUEN BERUFLICHEN MÖGLICHKEITEN

In der heutigen Arbeitswelt sind Vorstellungsgespräche ein wesentlicher Bestandteil des Bewerbungsprozesses, sowohl für den Bewerber als auch für den Arbeitgeber. Sie bieten eine Gelegenheit, die eigenen Qualifikationen, Erfahrungen und beruflichen Ziele zu präsentieren, während gleichzeitig ein tieferes Verständnis für die Anforderungen und Erwartungen des Unternehmens gewonnen wird. In diesem Kapitel werfen wir einen detaillierten Blick auf den Ablauf von Vorstellungsgesprächen und zeigen, wie man sich auf diese anspruchsvolle Gesprächssituation optimal vorbereiten kann – sei es durch die richtige Kommunikation von Fähigkeiten oder durch das Stellen gezielter Fragen.

Ein Vorstellungsgespräch kann in verschiedenen Formen auftreten, von klassischen Einzelgesprächen über Gruppendiskussionen bis hin zu technischen Interviews. Besonders auf fortgeschrittenem Englischniveau geht es nicht nur darum, sich sprachlich sicher auszudrücken, sondern auch darum, sich selbstbewusst und professionell zu präsentieren.

Um ein besseres Verständnis für den Ablauf und die Dynamik eines Vorstellungsgesprächs zu gewinnen, betrachten wir nun einen beispielhaften Dialog zwischen einem Bewerber und einem Interviewer. Dieser zeigt, wie fortgeschrittene Englischkenntnisse in einem professionellen Kontext effektiv genutzt werden können.

# Tips for Job Interviews :

1. **Preparation is Key**
   Be well-prepared by researching the company, its culture, and the job description. Think of examples from your previous experience that highlight your qualifications for the position.

2. **Show Confidence**
   Pay attention to your body language. A firm handshake, eye contact, and good posture convey confidence and professionalism.

3. **Ask Questions**
   Ask questions at the end of the interview. It shows interest and engagement with the position and the company. For example: „What does a typical day in this role look like?"

4. **Active Listening**
   Listen carefully when questions are asked, and take your time to think about your answers. Avoid answering too quickly, as it may seem unthoughtful.

5. **Be Authentic**
   Try to stay true to yourself. Authenticity is often appreciated as it shows you're the right fit for the position and the company.

6. **Address Strengths and Weaknesses**
   Be ready to talk about your strengths and weaknesses. When mentioning weaknesses, choose one you are actively working on to show that you are self-aware and open to learning.

7. **Timing is Important**
   Be sure to arrive on time for the interview, but not too early, as this may put unnecessary pressure on the interviewer.

# Tipps für Vorstellungsgespräche :

1. **Vorbereitung ist der Schlüssel**
   Bereite dich gut auf das Gespräch vor, indem du dich über das Unternehmen, seine Kultur und die ausgeschriebene Position informierst. Überlege dir Beispiele aus deiner bisherigen Berufserfahrung, die deine Eignung für die Stelle unterstreichen.

2. **Selbstbewusstsein zeigen**
   Achte auf deine Körpersprache. Ein fester Händedruck, Blickkontakt und eine aufrechte Haltung vermitteln Selbstbewusstsein und Professionalität.

3. **Fragen stellen**
   Stelle am Ende des Gesprächs Fragen. Das zeigt Interesse und Engagement für die Position und das Unternehmen. Zum Beispiel: „Wie sieht ein typischer Arbeitstag in dieser Position aus?"

4. **Aktives Zuhören**
   Höre aufmerksam zu, wenn dir Fragen gestellt werden, und nimm dir Zeit, um über deine Antworten nachzudenken. Vermeide es, zu schnell zu antworten, da dies unüberlegt wirken könnte.

5. **Authentisch bleiben**
   Versuche, dich selbst zu bleiben. Authentizität wird oft geschätzt, da sie zeigt, dass du die richtige Person für die Position und das Unternehmen bist.

6. **Stärken und Schwächen ansprechen**
   Sei bereit, über deine Stärken und Schwächen zu sprechen. Wähle bei Schwächen etwas aus, an dem du aktiv arbeitest, um zu zeigen, dass du selbstreflektiert und lernbereit bist.

8. **Follow-Up**

   After the interview, send a thank-you email to reaffirm your interest in the position and express gratitude for the opportunity.

9. **Communicate Clearly and Concisely**

   Avoid rambling or providing unnecessary details. Keep your responses clear and concise to avoid overwhelming the interviewer.

7. **Das richtige Timing**

   Achte darauf, dass du pünktlich zum Interview erscheinst, aber nicht zu früh, da dies den Interviewer unter Druck setzen könnte.

8. **Follow-up**

   Sende nach dem Gespräch eine Dankes-E-Mail, um dein Interesse an der Position zu bekräftigen und dich für die Möglichkeit zu bedanken.

9. **Klar und präzise kommunizieren**

   Vermeide es, dich zu verzetteln oder unnötige Informationen zu geben. Halte deine Antworten klar und präzise, um den Interviewer nicht zu überfordern.

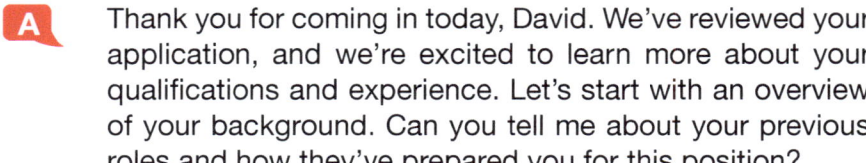

**Interviewer (Anna)**  **und Candidate (David)**

 Thank you for coming in today, David. We've reviewed your application, and we're excited to learn more about your qualifications and experience. Let's start with an overview of your background. Can you tell me about your previous roles and how they've prepared you for this position?

Thank you for having me, Anna. Over the past five years,  I've worked in project management, primarily in the IT sector. In my previous role, I led cross-functional teams and managed software development projects from conception to launch. This included working with clients to define their requirements, creating detailed timelines, and ensuring that projects were delivered on time and within budget. I believe this experience has given me a solid foundation in leadership, communication, and problem-solving—skills that I think will be valuable in this position.

That sounds like great experience. Could you provide an example of a challenging project you managed and how you handled it?

Sure. One of the most challenging projects I managed was a complete overhaul of a client's e-commerce platform. Midway through the project, the client changed their requirements, which meant we had to adjust the timeline and scope significantly. To handle this, I organized several meetings with both the client and our internal teams to reassess priorities, revise the project plan, and reallocate resources. It was stressful, but through clear communication and collaboration, we were able to deliver a successful solution within the new timeline.

**Interviewer (Anna)**  **und Bewerber (David)**

**A** Vielen Dank, dass Sie heute hier sind, David. Wir haben Ihre Bewerbung geprüft und freuen uns darauf, mehr über Ihre Qualifikationen und Erfahrungen zu erfahren. Lassen Sie uns mit einem Überblick über Ihre berufliche Laufbahn beginnen. Können Sie mir etwas über Ihre bisherigen Positionen erzählen und wie diese Sie auf diese Stelle vorbereitet haben?

Vielen Dank, dass ich hier sein darf, Anna. In den letzten fünf Jahren habe ich im Projektmanagement gearbeitet, hauptsächlich im IT-Bereich. In meiner vorherigen Rolle habe ich funktionsübergreifende Teams geleitet und Softwareentwicklungsprojekte von der Konzeption bis zur Markteinführung betreut. Dazu gehörte auch die Zusammenarbeit mit Kunden, um deren Anforderungen zu definieren, detaillierte Zeitpläne zu erstellen und sicherzustellen, dass die Projekte termingerecht und im Budgetrahmen abgeschlossen wurden. Ich glaube, diese Erfahrungen haben mir eine solide Grundlage in Führung, Kommunikation und Problemlösung vermittelt—Fähigkeiten, die in dieser Position von großem Nutzen sein werden.

**A** Das klingt nach wertvoller Erfahrung. Können Sie ein Beispiel für ein herausforderndes Projekt geben, das Sie geleitet haben, und wie Sie es gemeistert haben?

Natürlich. Eines der schwierigsten Projekte, das ich geleitet habe, war die vollständige Überarbeitung der E-Commerce-Plattform eines Kunden. Zur Mitte des Projekts änderte der Kunde seine Anforderungen, was bedeutete,

It sounds like you managed the changes well. How do you approach communication with stakeholders when there are conflicting priorities or delays?

I believe in being transparent and proactive. When there  are potential delays or conflicting priorities, I make sure to communicate with all stakeholders as early as possible. This helps set realistic expectations and allows us to collaboratively find solutions. In my experience, most conflicts can be resolved through clear communication and aligning everyone's goals.

 Excellent. One last question—where do you see yourself in the next five years, and how does this position align with your career goals?

In the next five years, I see myself growing into a more se-  nior leadership role, perhaps managing a larger team or department. I'm particularly interested in continuing to work on projects that have a real impact on business operations. This position seems like a great fit because it offers the opportunity to take on larger, more complex projects, and the company's focus on innovation aligns with my long-term goals.

 Thank you, David. We appreciate your thoughtful responses and will be in touch with the next steps.

dass wir den Zeitplan und den Projektumfang erheblich anpassen mussten. Um das zu bewältigen, habe ich mehrere Meetings mit dem Kunden und unseren internen Teams organisiert, um die Prioritäten neu zu bewerten, den Projektplan zu überarbeiten und die Ressourcen neu zu verteilen. Es war stressig, aber durch klare Kommunikation und Zusammenarbeit konnten wir die Lösung erfolgreich innerhalb des neuen Zeitrahmens liefern.

 Es klingt so, als hätten Sie die Veränderungen gut gemanagt. Wie gehen Sie mit der Kommunikation zu den Stakeholdern um, wenn es zu widersprüchlichen Prioritäten oder Verzögerungen kommt?

Ich setze auf Transparenz und Proaktivität. Wenn es potenzielle Verzögerungen oder widersprüchliche Prioritäten gibt, stelle ich sicher, dass ich so früh wie möglich mit allen Stakeholdern kommuniziere. Das hilft, realistische Erwartungen zu setzen, und ermöglicht es uns, gemeinsam Lösungen zu finden. Meiner Erfahrung nach lassen sich die meisten Konflikte durch klare Kommunikation und die Abstimmung der Ziele lösen.

 Sehr gut. Eine letzte Frage—wo sehen Sie sich in den nächsten fünf Jahren, und wie passt diese Position zu Ihren Karrierezielen?

In den nächsten fünf Jahren sehe ich mich in einer höheren Führungsposition, vielleicht in der Leitung eines größeren Teams oder einer Abteilung. Besonders interessiert mich die Arbeit an Projekten, die einen echten Einfluss auf Geschäftsabläufe haben. Diese Position scheint sehr gut zu passen, da sie die Möglichkeit bietet, größere und komplexere Projekte zu übernehmen, und der Innovationsfokus des Unternehmens entspricht meinen langfristigen Zielen.

Thank you, Anna. I'm looking forward to hearing from you.

*Dialogue Analysis:*

**Advanced Language Level:** The dialogue demonstrates advanced English skills by using complex structures and vocabulary, particularly in the areas of project management and professional development.

**Structure and Clarity:** Both the English and German versions maintain a clear structure. The applicant provides concrete examples to highlight their qualifications, and the interviewer asks targeted questions to further explore the applicant's competencies

Vielen Dank, David. Wir schätzen Ihre durchdachten Antworten und werden uns mit den nächsten Schritten bei Ihnen melden.

Vielen Dank, Anna. Ich freue mich auf Ihre Rückmeldung.

*Analyse des Dialogs:*

Fortgeschrittenes Sprachniveau: Der Dialog nutzt fortgeschrittene Englischkenntnisse, indem komplexe Strukturen und Vokabeln verwendet werden, insbesondere in Bezug auf Projektmanagement und berufliche Entwicklung.

Struktur und Klarheit: Sowohl in der englischen als auch in der deutschen Version wird eine klare Struktur beibehalten. Der Bewerber gibt konkrete Beispiele, um seine Qualifikationen zu unterstreichen, und der Interviewer stellt gezielte Fragen, um die Kompetenzen des Bewerbers weiter zu beleuchten.

# C-LEVEL COMMUNICATION –
## STRATEGIC HR DISCUSSIONS

At the highest levels of an organization, effective communication is crucial in aligning strategic goals with human resources initiatives. C-level executives must navigate complex conversations that address not only day-to-day operational matters but also long-term strategies to drive company growth, talent acquisition, employee retention, and organizational transformation. These discussions require a nuanced understanding of both business priorities and workforce dynamics, ensuring that the organization's human capital remains a key asset in achieving its overall mission. In this chapter, we will explore the nature of C-level HR conversations, focusing on topics such as talent strategy, leadership development, and the role of HR in shaping organizational change. Through a sample dialogue, we will examine how high-level HR executives engage in strategic discussions, balancing the needs of the business with the demands of a dynamic workforce.

# C-LEVEL KOMMUNIKATION –
## STRATEGISCHE HR-GESPRÄCHE

Auf den höchsten Ebenen eines Unternehmens ist effektive Kommunikation entscheidend, um strategische Ziele mit Personalinitiativen in Einklang zu bringen. Führungskräfte müssen komplexe Gespräche führen, die nicht nur alltägliche betriebliche Angelegenheiten betreffen, sondern auch langfristige Strategien zur Förderung des Unternehmenswachstums, der Talentakquise, der Mitarbeiterbindung und der organisatorischen Transformation. Diese Diskussionen erfordern ein feines Verständnis sowohl der Unternehmensprioritäten als auch der Dynamik der Belegschaft, um sicherzustellen, dass das Humankapital des Unternehmens als wichtiger Erfolgsfaktor dient. In diesem Kapitel werden wir die Natur von C-Level HR-Gesprächen untersuchen, mit einem Fokus auf Themen wie Talentstrategie, Führungskräfteentwicklung und die Rolle der Personalabteilung bei der Gestaltung organisatorischer Veränderungen. Anhand eines Beispiel-Dialogs betrachten wir, wie Führungskräfte im Bereich HR strategische Diskussionen führen und dabei die Bedürfnisse des Unternehmens mit den Anforderungen einer dynamischen Belegschaft in Einklang bringen.

**J**     Thank you all for joining today. I wanted to focus this discussion on our talent strategy. As we continue to scale, attracting and retaining top talent will be critical for maintaining our competitive edge. Sarah, as our CHRO, could you share where we currently stand and what challenges you're seeing in HR?

Absolutely, James. From a strategic HR perspective, we're seeing a few key challenges. First, there's a growing skills gap in some of our critical areas, particularly in tech roles. We've been facing increasing competition from larger companies that are offering higher salaries and more flexible working conditions. Secondly, employee retention has become a concern, particularly in mid-management positions. We've seen an uptick in turnover, largely due to employees seeking more development opportunities or more flexible remote working arrangements.

**M**     That's concerning, especially if turnover is starting to impact our mid-management. Sarah, do you have any data on how these turnover rates are affecting our overall performance or operational costs?

Yes, Mark. We've been tracking the data closely. Our analysis shows that the turnover in key positions has led to increased recruitment and training costs, as well as some temporary dips in productivity. In fact, for every mid-level manager that leaves, we estimate it costs the company

 Vielen Dank an alle, dass ihr heute dabei seid. Ich möchte diese Diskussion auf unsere Talentstrategie fokussieren. Während wir weiter wachsen, wird die Gewinnung und Bindung von Top-Talenten entscheidend sein, um unsere Wettbewerbsfähigkeit zu sichern. Sarah, als unsere CHRO, könntest du uns sagen, wo wir aktuell stehen und welche Herausforderungen du im HR-Bereich siehst?

Natürlich, James. Aus einer strategischen HR-Perspektive  sehen wir einige zentrale Herausforderungen. Erstens gibt es eine wachsende Qualifikationslücke in einigen unserer Schlüsselbereiche, insbesondere in den technischen Positionen. Wir sehen zunehmenden Wettbewerb von größeren Unternehmen, die höhere Gehälter und flexiblere Arbeitsbedingungen anbieten. Zweitens ist die Mitarbeiterbindung ein Problem, besonders in den mittleren Managementpositionen. Wir haben einen Anstieg der Fluktuation festgestellt, hauptsächlich weil Mitarbeiter nach mehr Entwicklungsmöglichkeiten oder flexibleren Remote-Arbeitsmöglichkeiten suchen.

 Das ist besorgniserregend, besonders wenn die Fluktuation das mittlere Management betrifft. Sarah, hast du Daten dazu, wie diese Fluktuationsraten unsere Gesamtleistung oder Betriebskosten beeinflussen?

Ja, Mark. Wir haben die Daten genau im Blick. Unsere Analyse zeigt, dass die Fluktuation in Schlüsselpositionen

around 150% of their salary to replace them. This includes recruiting, onboarding, and the loss of institutional knowledge.

 That's a significant cost. We need to take action before this trend impacts our long-term growth. What's our current strategy for retaining top talent, and do we need to adjust it to meet the current challenges?

We have a few initiatives in place. First, we're working on improving our employee value proposition (EVP) by enhancing development opportunities, such as leadership training and mentoring programs. However, I think we need to go further. We should consider revisiting our compensation packages, particularly for key roles, and we need to focus on creating a more flexible, hybrid working model. Employee feedback indicates that flexibility is becoming a top priority, especially post-pandemic.

 I agree with Sarah. We've seen a shift in employee expectations, and flexibility is becoming a deal-breaker for many. While increasing salaries is one solution, we also need to be innovative in how we approach work-life balance and career progression to stay competitive.

Linda raises a good point. We can't just throw money at the problem—we need a holistic approach. Sarah, can you outline what steps we would need to take to implement a more flexible working model without sacrificing productivity?

 Of course. We've already conducted some pilot programs, allowing teams to choose their working models. The data shows that productivity didn't suffer; in fact, it improved in some cases. To scale this, we would need to update our technology infrastructure to support remote collaboration more effectively. Additionally, we should invest in upskilling

zu höheren Rekrutierungs- und Schulungskosten geführt hat sowie zu einigen temporären Produktivitätseinbußen. Tatsächlich schätzen wir, dass es das Unternehmen rund 150% des Gehalts eines mittleren Managers kostet, diesen zu ersetzen. Dies umfasst Rekrutierung, Onboarding und den Verlust von institutionellem Wissen.

 Das ist ein erheblicher Kostenfaktor. Wir müssen schnell handeln, bevor dieser Trend unser langfristiges Wachstum beeinträchtigt. Was ist unsere aktuelle Strategie, um Top-Talente zu halten, und müssen wir sie an die aktuellen Herausforderungen anpassen?

Wir haben einige Initiativen in Arbeit. Erstens arbeiten wir daran, unser Employee Value Proposition (EVP) zu verbessern, indem wir Entwicklungsmöglichkeiten wie Führungskräftetrainings und Mentoring-Programme erweitern. Allerdings denke ich, dass wir weiter gehen müssen. Wir sollten in Erwägung ziehen, unsere Vergütungspakete zu überarbeiten, insbesondere für Schlüsselrollen, und wir müssen ein flexibleres, hybrides Arbeitsmodell schaffen. Mitarbeiterfeedback zeigt, dass Flexibilität zu einer Top-Priorität geworden ist, besonders nach der Pandemie.

 Ich stimme Sarah zu. Wir haben einen Wandel in den Erwartungen der Mitarbeiter gesehen, und Flexibilität wird für viele zu einem entscheidenden Kriterium. Während Gehaltserhöhungen eine Lösung darstellen, müssen wir auch innovativ sein, wie wir Work-Life-Balance und Karriereentwicklung gestalten, um wettbewerbsfähig zu bleiben.

Linda spricht einen wichtigen Punkt an. Wir können das Problem nicht einfach mit mehr Geld lösen – wir brauchen einen ganzheitlichen Ansatz. Sarah, kannst du uns die Schritte aufzeigen, die wir unternehmen müssten, um ein flexibleres Arbeitsmodell umzusetzen, ohne die Produktivität zu gefährden?

managers so they can lead remote and hybrid teams more effectively. Finally, it's crucial that we establish clear guidelines and performance metrics that are independent of physical presence.

 I'm on board with this, but we also need to ensure that any changes are sustainable from a financial perspective. Sarah, can you work with my team to model the costs and potential savings from reducing office space, improving retention, and potentially avoiding salary inflation?

Absolutely, Mark. I'll coordinate with your team to develop  a detailed cost-benefit analysis. In the meantime, I'll also gather more feedback from employees to ensure that any changes we implement are aligned with their expectations.

 Sounds good. Let's aim to review these proposals in our next executive meeting. Talent is our most valuable resource, and we can't afford to fall behind in this area. Sarah, I trust you'll take the lead on this transformation.

Absolutely, James. I'll ensure we have a robust strategy in  place.

Natürlich. Wir haben bereits einige Pilotprogramme durchgeführt, bei denen Teams ihr Arbeitsmodell selbst wählen konnten. Die Daten zeigen, dass die Produktivität nicht gelitten hat; in einigen Fällen hat sie sich sogar verbessert. Um dies zu skalieren, müssten wir unsere technologische Infrastruktur aktualisieren, um Remote-Zusammenarbeit effektiver zu unterstützen. Zusätzlich sollten wir in die Weiterbildung von Führungskräften investieren, damit sie remote und hybride Teams besser führen können. Schließlich ist es entscheidend, klare Richtlinien und Leistungskennzahlen zu etablieren, die unabhängig von der physischen Präsenz sind.

Ich bin dafür, aber wir müssen auch sicherstellen, dass  jede Veränderung aus finanzieller Sicht nachhaltig ist. Sarah, könntest du mit meinem Team zusammenarbeiten, um die Kosten und potenziellen Einsparungen zu modellieren, die durch die Reduzierung von Büroflächen, die Verbesserung der Mitarbeiterbindung und möglicherweise durch die Vermeidung von Gehaltsinflation entstehen?

 Absolut, Mark. Ich werde mit deinem Team zusammenarbeiten, um eine detaillierte Kosten-Nutzen-Analyse zu erstellen. In der Zwischenzeit werde ich auch mehr Feedback von den Mitarbeitern einholen, um sicherzustellen, dass alle Änderungen mit ihren Erwartungen übereinstimmen.

Klingt gut. Lassen Sie uns diese Vorschläge in unserem  nächsten Executive-Meeting überprüfen. Talente sind unsere wertvollste Ressource, und wir können es uns nicht leisten, in diesem Bereich zurückzufallen. Sarah, ich vertraue darauf, dass du die Führung bei dieser Transformation übernimmst.

 Natürlich, James. Ich werde dafür sorgen, dass wir eine fundierte Strategie entwickeln.

*Evaluation of the Dialogue:*

**Strategic Discussion:** The dialogue focuses on strategic HR topics at the C-level, such as the need to optimize talent acquisition and employee retention.

**Data-Driven Decisions:** It highlights the importance of using data to support decisions — for example, how employee turnover impacts costs and productivity.

**Future-Oriented:** The CEO and CHRO not only address current challenges but also discuss forward-looking solutions, such as flexible work models and the redesign of workplaces.

**Financial Perspective:** The CFO ensures that every strategic HR proposal is financially sustainable and calls for a thorough cost analysis.

This dialogue illustrates how HR decisions at the C-level are made in a well-founded, strategic, and holistic manner to secure long-term business growth.

*Auswertung des Dialogs:*

**Strategische Diskussion:** Der Dialog konzentriert sich auf strategische Personalthemen auf C-Level-Ebene, wie die Notwendigkeit, Talentakquise und Mitarbeiterbindung zu optimieren.

**Datengetriebene Entscheidungen:** Es wird betont, wie wichtig es ist, Daten zu verwenden, um Entscheidungen zu untermauern, z. B. wie sich die Fluktuation auf die Kosten und Produktivität auswirkt.

**Zukunftsorientiert:** Der CEO und die CHRO diskutieren nicht nur die aktuellen Herausforderungen, sondern auch zukunftsgerichtete Lösungen wie flexible Arbeitsmodelle und die Neugestaltung von Arbeitsplätzen.

**Finanzielle Perspektive:** Der CFO stellt sicher, dass jeder strategische HR-Vorschlag finanziell nachhaltig ist und fordert eine gründliche Kostenanalyse an.

Dieser Dialog zeigt, wie HR-Entscheidungen auf C-Level fundiert, strategisch und ganzheitlich getroffen werden, um langfristiges Unternehmenswachstum zu sichern.

# COVER LETTERS FOR AN ADVANCED HR POSITION

In today's competitive job market, crafting an effective cover letter for a senior HR position requires a balance between demonstrating strategic vision and operational expertise. The cover letter serves as a first impression, allowing candidates to showcase their unique qualifications, experience, and alignment with the company's values and objectives. For high-level HR roles, it is essential to highlight both the ability to think strategically about talent management, employee engagement, and organizational development, as well as the operational skills to implement these strategies successfully. This chapter will explore two examples of cover letters for a senior HR position, providing insight into how to communicate the blend of strategic foresight and hands-on expertise required in today's human resources landscape. By analyzing these examples, you will learn how to position yourself effectively for an advanced HR role.

# BEWERBUNGSSCHREIBEN FÜR EINE FORTGESCHRITTENE HR-POSITION

In der heutigen wettbewerbsintensiven Arbeitswelt erfordert das Verfassen eines überzeugenden Bewerbungsschreibens für eine fortgeschrittene HR-Position eine Balance zwischen strategischer Weitsicht und operativer Expertise. Das Bewerbungsschreiben stellt den ersten Kontakt dar und gibt den Bewerbenden die Möglichkeit, ihre einzigartigen Qualifikationen, Erfahrungen und die Übereinstimmung mit den Werten und Zielen des Unternehmens zu präsentieren. Für leitende HR-Positionen ist es entscheidend, sowohl die Fähigkeit zu betonen, strategisch über Talentmanagement, Mitarbeiterengagement und organisatorische Entwicklung nachzudenken, als auch die operativen Fähigkeiten, diese Strategien erfolgreich umzusetzen. In diesem Kapitel werden zwei Beispiele für Bewerbungsschreiben für eine fortgeschrittene HR-Position vorgestellt. Wir geben Einblicke, wie man die Kombination aus strategischer Weitsicht und praktischer Expertise, die für heutige HR-Rollen erforderlich ist, effektiv kommuniziert. Anhand dieser Beispiele lernen Sie, wie Sie sich erfolgreich für eine fortgeschrittene HR-Position positionieren können.

# ENGLISH VERSION:
# COVER LETTER FOR HR POSITION

[Your Name]
[Your Address]
[City, State, ZIP Code]
[Email Address]
[Phone Number]
[Date]

Hiring Manager's Name
[Company Name]
[Company Address]
[City, State, ZIP Code]

Dear [Hiring Manager's Name],

I am writing to express my interest in the HR Manager position at [Company Name], as advertised. With over [X] years of experience in human resources, specializing in talent acquisition, employee development, and strategic workforce planning, I am confident that my skills align with the needs of your organization.

In my previous role at [Previous Company], I successfully led a team responsible for recruiting top talent across multiple departments, improving the company's retention rate by 20% over two years through enhanced employee engagement initiatives. Additionally, I developed and implemented training programs that strengthened leadership capabilities across the organization, which resulted in a more cohesive and motivated workforce. My experience also includes overseeing performance management processes, conflict

# DEUTSCHE VERSION: ANSCHREI-BEN FÜR EINE HR-STELLE

[Ihr Name]
[Ihre Adresse]
[Stadt, PLZ]
[E-Mail-Adresse]
[Telefonnummer]
[Datum]

Ansprechpartner
[Firmenname]
[Firmenadresse]
[Stadt, PLZ]

Sehr geehrte/r [Ansprechpartner/in],

hiermit bewerbe ich mich auf die ausgeschriebene Position als HR-Manager bei [Firmenname]. Mit über [X] Jahren Erfahrung im Personalwesen, insbesondere in den Bereichen Talentakquise, Mitarbeiterentwicklung und strategische Personalplanung, bin ich überzeugt, dass meine Qualifikationen ideal zu den Anforderungen Ihres Unternehmens passen.

In meiner letzten Position bei [Letztes Unternehmen] habe ich ein Team geleitet, das erfolgreich Talente für verschiedene Abteilungen rekrutierte und durch verbesserte Mitarbeiterbindungsprogramme die Fluktuationsrate des Unternehmens innerhalb von zwei Jahren um 20 % gesenkt hat. Zudem habe ich Trainingsprogramme entwickelt und implementiert, die die Führungskompetenzen im Unternehmen gestärkt haben und zu einer motivierteren und produktiveren Belegschaft führten. Zu meinen weiteren Aufgaben gehörten das Management von Leistungsbewertungen, die Lösung von Kon-

resolution, and ensuring compliance with employment laws and regulations.

I am particularly drawn to [Company Name] because of your innovative approach to employee engagement and organizational development. I believe my proactive approach to HR management and my ability to align HR strategies with broader business goals would contribute positively to your team. I am excited about the opportunity to bring my experience in HR operations, leadership development, and change management to [Company Name].

I would welcome the chance to further discuss how my skills and experiences align with the goals of your HR department. Thank you for considering my application. I look forward to the possibility of contributing to [Company Name] and helping to shape a positive and productive work environment.

Sincerely,
[Your Name]

flikten sowie die Sicherstellung der Einhaltung arbeitsrechtlicher Vorschriften.

Besonders reizt mich an [Firmenname] Ihre innovative Herangehensweise an Mitarbeiterengagement und Organisationsentwicklung. Ich bin überzeugt, dass mein proaktiver Ansatz im HR-Management und meine Fähigkeit, HR-Strategien mit den übergeordneten Unternehmenszielen zu verknüpfen, Ihr Team bereichern würden. Ich freue mich darauf, meine Erfahrung in den Bereichen HR-Operations, Führungskräfteentwicklung und Veränderungsmanagement bei [Firmenname] einzubringen.

Gerne würde ich in einem persönlichen Gespräch weiter erläutern, wie meine Fähigkeiten und Erfahrungen die Ziele Ihrer Personalabteilung unterstützen können. Vielen Dank für die Berücksichtigung meiner Bewerbung. Ich freue mich auf die Möglichkeit, zu einer positiven und produktiven Arbeitsumgebung bei [Firmenname] beizutragen.

Mit freundlichen Grüßen,
[Ihr Name]

# Tipps für ein starkes Anschreiben:

Personalisierung: Achten Sie darauf, den Namen des Ansprechpartners und den Firmennamen anzupassen.

Erfolge betonen: In beiden Anschreiben werden konkrete Erfolge genannt (z. B. eine verbesserte Mitarbeiterbindung), um die eigene Qualifikation zu unterstreichen.

Motivation zeigen: Verdeutlichen Sie, warum Sie an dem Unternehmen interessiert sind und was Sie besonders an der Position reizt.

# Unterschiede zwischen deutschen und internationalen CV:

Ein deutscher Lebenslauf (CV) und ein internationaler (englischer) Lebenslauf haben einige Gemeinsamkeiten, weisen jedoch auch bedeutende Unterschiede in Struktur, Inhalt und Stil auf. Hier ist eine detaillierte Vergleichsanalyse der beiden:

## 1. Allgemeiner Aufbau:

| Deutscher Lebenslauf (CV): | Internationaler Lebenslauf (englischsprachig): |
|---|---|
| **Struktur:** Ein deutscher Lebenslauf ist typischerweise tabellarisch und sehr formal aufgebaut. Der Fokus liegt auf Klarheit und Präzision, mit einer festen chronologischen oder antichronologischen Reihenfolge der Informationen. | **Struktur:** Ein englischer Lebenslauf ist weniger starr und formell, er kann sowohl tabellarisch als auch im Fließtext aufgebaut sein. Die antichronologische Darstellung ist gängig, d. h. die letzte Position wird zuerst genannt. |

**Länge:** Oft nicht länger als zwei Seiten, unabhängig von der Berufserfahrung.

**Länge:** Typischerweise auf eine Seite begrenzt, insbesondere im anglo-amerikanischen Raum (USA, UK), auch bei langer Berufserfahrung.

**Abschnitte:**

**Abschnitte:**

Persönliche Daten (inkl. Geburtsdatum, Familienstand, Wohnort)

Contact Information (Kontaktinformationen, ohne Geburtsdatum und Familienstand)

Berufserfahrung (chronologisch oder antichronologisch)

Summary/Objective (kurze Zusammenfassung der beruflichen Ziele, oft optional)

Bildungsweg (einschließlich Schulbildung und Universitäten)

Professional Experience (antichronologisch, oft mit Bullet Points)

Fähigkeiten und Kenntnisse (z. B. Sprachkenntnisse, EDV-Kenntnisse)

Education (Universitäten, relevante Schulbildung; meist knapp gehalten)

Hobbys/Interessen (optional)

Skills (z. B. technische Fähigkeiten, Soft Skills)

Unterschrift und Datum am Ende des Dokuments

Certifications/Training (falls relevant)

References (optional oder „Available upon request")

## 2. Persönliche Daten:

**Deutscher Lebenslauf (CV):**

**Internationaler Lebenslauf**

Persönliche Informationen: Enthält detaillierte persönliche Daten, darunter Geburtsdatum, Familienstand, Nationalität und manchmal auch ein Bewerbungsfoto. Diese Angaben sind traditionell und in Deutschland noch weit verbreitet, obwohl das Foto nicht mehr zwingend erforderlich ist.

Persönliche Informationen: Sehr wenig persönliche Daten werden angegeben. Es wird kein Geburtsdatum, Familienstand, Nationalität oder Foto angegeben. In Ländern wie den USA, UK und Kanada gelten solche Informationen als unzulässig, da sie Diskriminierung begünstigen könnten. Ein Bewerbungsfoto wird als unprofessionell betrachtet und weggelassen.

## 3. Berufserfahrung:

**Deutscher Lebenslauf (CV):**

**Internationaler Lebenslauf**

Berufserfahrung: Wird meist mit genauen Zeitangaben dargestellt (Monat/Jahr – Monat/Jahr). Die Beschreibung der Position ist relativ knapp, oft nur ein Satz oder stichpunktartig.

**Format:** Die Verantwortung und Erfolge werden weniger detailliert beschrieben als im internationalen Lebenslauf, es liegt mehr Wert auf den Titel und die Dauer der Position.

Berufserfahrung: In englischsprachigen Lebensläufen wird jede Position ausführlich beschrieben, oft mit Bullet Points. Jede Aufgabe wird detailliert aufgeführt, einschließlich konkreter Erfolge und Zahlen (z. B. „Increased sales by 15% within 6 months").

**Erfolge:** Der Fokus liegt stärker auf messbaren Ergebnissen und dem Mehrwert, den man dem Unternehmen gebracht hat, oft mit quantitativen Angaben.

## 4. Ausbildung und Bildungsweg:

**Deutscher Lebenslauf (CV):**

**Internationaler Lebenslauf**

**Bildungsweg:** Enthält ausführliche Angaben zur Schulbildung, beginnend mit dem Abitur. Hochschulabschlüsse werden detailliert beschrieben, oft mit Angaben zum Abschlussdatum, Thema der Abschlussarbeit und der Note.

**Education:** Die Schulbildung wird selten angegeben (außer es handelt sich um eine angesehene Schule), und der Fokus liegt auf dem höchsten akademischen Grad. Bei Berufserfahrenen nimmt der Bildungsweg weniger Platz ein.

**Platzierung:** Die Ausbildung steht oft vor der Berufserfahrung, besonders bei jungen Absolventen, oder im mittleren Teil des Lebenslaufs, wenn man mehr Berufserfahrung hat.

**Platzierung:** Die Ausbildung wird meistens nach der Berufserfahrung platziert, außer man ist ein frischer Absolvent.

## 5. Fähigkeiten und Kenntnisse:

**Deutscher Lebenslauf (CV):**

**Internationaler Lebenslauf**

**Kenntnisse:** Der Abschnitt „Kenntnisse" ist meist formeller und wird oft in Kategorien unterteilt, wie „Sprachkenntnisse", „IT-Kenntnisse", etc. Diese Angaben sind oft knapp und tabellarisch.

Skills: Ein englischer Lebenslauf legt oft mehr Wert auf Soft Skills (z. B. „Leadership", „Problemsolving") und technische Fähigkeiten. Diese werden spezifischer beschrieben und können mit konkreten Beispielen oder Projekten untermauert werden.

**Sprachkenntnisse:** Es wird oft zwischen verschiedenen Niveaustufen unterschieden, z. B.

**Languages:** Sprachkenntnisse werden nur angegeben, wenn

„fließend", „Grundkenntnisse", „verhandlungssicher". sie für die Stelle relevant sind, und oft mit international anerkannten Levels wie „Fluent" oder „Proficient".

---

## 6. Referenzen:

**Deutscher Lebenslauf (CV):**

**Internationaler Lebenslauf**

**Referenzen:** Referenzen werden selten im Lebenslauf selbst angegeben. Oft wird im Bewerbungsgespräch danach gefragt oder sie werden auf Anfrage nachgereicht.

**References:** Es ist üblich, Referenzen im englischen Lebenslauf anzugeben oder den Hinweis „References available upon request" hinzuzufügen. Einige Kandidaten fügen auch direkt zwei bis drei Referenzen mit Kontaktinformationen bei.

---

## 7. Formalität und Stil:

**Deutscher Lebenslauf (CV):**

**Internationaler Lebenslauf**

**Formell und konservativ:** Ein deutscher Lebenslauf ist formeller und knapper in der Sprache. Er ist mehr darauf ausgelegt, Fakten klar und sachlich zu präsentieren.

**Informeller und verkaufsorientierter:** Der englische Lebenslauf ist etwas weniger formell und mehr darauf ausgelegt, den Kandidaten zu „verkaufen". Die Sprache ist oft aktiver, mit einem Fokus auf Leistung und Mehrwert.

**Unterschrift und Datum:** Ein deutscher CV wird traditionell am Ende mit einer Unterschrift und dem aktuellen Datum versehen.

**Kein Unterschriftserfordernis:** Unterschriften oder Datumsangaben sind im internationalen Lebenslauf nicht notwendig.

## Zusammenfassung:

Persönliche Daten: Der deutsche Lebenslauf enthält mehr persönliche Informationen (wie Geburtsdatum, Familienstand), während der englische Lebenslauf diese aus Datenschutzgründen auslässt.

Struktur und Länge: Der deutsche Lebenslauf ist oft länger und formeller, während der englische Lebenslauf auf eine kompakte, ergebnisorientierte Darstellung setzt.

Fokus auf Erfolge: Ein englischer Lebenslauf betont messbare Erfolge und den Mehrwert, den der Kandidat gebracht hat, während der deutsche Lebenslauf sich mehr auf Positionen und Aufgaben konzentriert.

Fazit: Während der deutsche Lebenslauf einen klaren, tabellarischen Stil mit vielen detaillierten persönlichen Informationen bevorzugt, liegt der Schwerpunkt eines internationalen (englischen) Lebenslaufs stärker auf der Darstellung von Erfolgen und quantifizierbaren Ergebnissen bei der Arbeit.

# COMPLIANCE TEMPLATES AND THEIR IMPORTANCE

Compliance is a central component of any successful business strategy, encompassing adherence to legal requirements as well as internal policies and standards. In an increasingly complex regulatory environment, companies must ensure they meet all regulatory obligations to minimize legal and financial risks. A compliance template serves as a practical tool to create clear, standardized processes and documentation that help companies fulfill these requirements. This chapter will explore the importance of compliance templates and how they can be applied in various areas such as data protection, labor law, financial regulations, and more. We will also provide examples of templates that can serve as a foundation for creating or reviewing compliance documentation. By implementing these templates, companies can streamline their compliance management systems and ensure they always meet legal and ethical standards.

# COMPLIANCE-VORLAGEN UND DEREN BEDEUTUNG

Compliance ist ein zentraler Bestandteil jeder erfolgreichen Unternehmensstrategie und umfasst die Einhaltung gesetzlicher Vorgaben sowie interner Richtlinien und Standards. In einem zunehmend komplexen rechtlichen Umfeld müssen Unternehmen sicherstellen, dass sie sämtliche regulatorischen Anforderungen erfüllen, um rechtliche und finanzielle Risiken zu minimieren. Eine Compliance-Vorlage dient als praktisches Werkzeug, um klare, standardisierte Prozesse und Dokumentationen zu schaffen, die Unternehmen dabei unterstützen, diese Anforderungen zu erfüllen. In diesem Kapitel werden wir die Bedeutung von Compliance-Vorlagen untersuchen und wie sie in verschiedenen Bereichen wie Datenschutz, Arbeitsrecht, Finanzvorschriften und mehr angewendet werden können. Außerdem bieten wir Beispiele für Vorlagen, die als Grundlage für die Erstellung oder Überprüfung von Compliance-Dokumentationen dienen können. Durch die Implementierung dieser Vorlagen können Unternehmen ihre Compliance-Management-Systeme effizienter gestalten und sicherstellen, dass sie jederzeit den rechtlichen und ethischen Anforderungen entsprechen

# EMAIL TO SUPPLIER REGARDING COMPLIANCE IN BUSINESS CONTEXT

## SUBJECT:
## COMPLIANCE REQUIREMENTS FOR [SPECIFIC USAGE] IN OUR BUSINESS CONTEXT

Dear [Supplier's Name],

I hope this email finds you well. We highly value our ongoing partnership with [Supplier Company Name] and the quality of services/ products you provide. However, I would like to bring to your attention an important compliance matter that affects our business operations and our use of [specific product/service] provided by your company.

In line with our internal compliance policies and regulatory requirements, we must ensure that all [specific product/service] usage strictly adheres to the following guidelines:

[Compliance Requirement 1]: Please ensure that all processes and components comply with [specific law or regulation], particularly regarding [specific aspect, e.g., labor laws, data privacy].

[Compliance Requirement 2]: We require full transparency on the sourcing and production of materials to ensure ethical standards are maintained.

[Compliance Requirement 3]: Additionally, any employee data that is shared or processed in connection with this product/service

# E-MAIL AN LIEFERANTEN BEZÜG-LICH COMPLIANCE IM GESCHÄFTS-KONTEXT

## BETREFF:
## COMPLIANCE-ANFORDERUNGEN FÜR [SPEZIFISCHE VERWENDUNG] IN UNSEREM GESCHÄFTSKONTEXT

Sehr geehrte/r [Name des Lieferanten],

ich hoffe, diese E-Mail erreicht Sie wohlbehalten. Wir schätzen die laufende Partnerschaft mit [Lieferantenfirma] und die Qualität der von Ihnen bereitgestellten Produkte/Dienstleistungen sehr. Dennoch möchte ich Sie auf eine wichtige Compliance-Frage hinweisen, die unsere Geschäftsabläufe und die Nutzung von [spezifisches Produkt/Dienstleistung] betrifft, die Ihr Unternehmen bereitstellt.

In Übereinstimmung mit unseren internen Compliance-Richtlinien und gesetzlichen Vorschriften müssen wir sicherstellen, dass die Verwendung von [spezifisches Produkt/Dienstleistung] strikt den folgenden Richtlinien entspricht:

[Compliance-Anforderung 1]: Bitte stellen Sie sicher, dass alle Prozesse und Komponenten den Anforderungen von [spezifisches Gesetz oder Vorschrift] entsprechen, insbesondere in Bezug auf [spezifischen Aspekt, z. B. Arbeitsgesetze, Datenschutz].

must comply with GDPR standards (or relevant local regulations if applicable), particularly in the areas of data storage, security, and access.

We would greatly appreciate your cooperation in ensuring that all services/products provided by your team meet these guidelines. Please confirm receipt of this email and that these requirements are understood and can be implemented effectively.

Should you need any clarification on these points or further information, feel free to reach out. We value our partnership and want to ensure that we continue working in a compliant and mutually beneficial manner.

Thank you for your attention to this matter, and we look forward to your prompt response.

Best regards,
[Your Name]
[Your Job Title]
[Your Company Name]
[Your Contact Information]

[Compliance-Anforderung 2]: Wir erwarten vollständige Transparenz in Bezug auf die Herkunft und Produktion der Materialien, um sicherzustellen, dass ethische Standards eingehalten werden.

[Compliance-Anforderung 3]: Außerdem muss jegliche Mitarbeiterdatenverarbeitung im Zusammenhang mit diesem Produkt/Dienstleistung den Anforderungen der DSGVO (oder relevanter lokaler Vorschriften) entsprechen, insbesondere hinsichtlich der Datenspeicherung, -sicherheit und -zugriff.

Wir wären Ihnen sehr dankbar, wenn Sie sicherstellen könnten, dass alle von Ihrem Team gelieferten Produkte/Dienstleistungen diese Anforderungen erfüllen. Bitte bestätigen Sie den Erhalt dieser E-Mail und dass diese Anforderungen verstanden und effektiv umgesetzt werden können.

Sollten Sie Rückfragen zu diesen Punkten haben oder weitere Informationen benötigen, stehe ich Ihnen gerne zur Verfügung. Wir schätzen unsere Partnerschaft und möchten sicherstellen, dass wir weiterhin konform und für beide Seiten vorteilhaft zusammenarbeiten.

Vielen Dank für Ihre Aufmerksamkeit, und wir freuen uns auf Ihre baldige Rückmeldung.

Mit freundlichen Grüßen,
[Ihr Name]
[Ihre Position]
[Ihr Firmenname]
[Ihre Kontaktdaten]

# Nützliche Vokabel

| Englisch | Deutsch |
|---|---|
| regulatory requirements | gesetzliche Vorgaben |
| compliance officer | Compliance-Beauftragter |
| code of conduct | Verhaltenskodex |
| corporate governance | Unternehmensführung |
| risk assessment | Risikobewertung |
| due diligence | Risikobewertung |
| audit trail | Prüfpfad |
| whistleblower policy | Hinweisgeberschutzrichtlinie |
| internal controls | interne Kontrollsysteme |
| conflict of interest | Interessenkonflikt |
| | |
| | |
| | |
| | |
| | |

Notiere dir weitere Vokabel

**Hinweise:** ⚠

**Klarheit und Professionalität:** Beide E-Mails sind professionell und klar formuliert, wobei der Ton sachlich bleibt.

**Compliance-Spezifika:** Die spezifischen Compliance-Anforderungen können an die jeweilige Situation und Branche angepasst werden (z. B. Datenschutz, Ethikstandards, gesetzliche Vorgaben).

# PERSONAL GROWTH AND CAREER OPPORTUNITIES: A CONVERSATION FOR YOUR FUTURE

A career is a journey filled with opportunities, challenges, and personal growth. To support you in the best possible way, we would like to offer you the opportunity to discuss your development, goals, and potential next steps

# PERSÖNLICHE ENTWICKLUNG UND KARRIERECHANCEN: EIN GESPRÄCH FÜR IHRE ZUKUNFT

Die berufliche Laufbahn ist eine Reise voller Chancen, Herausforderungen und persönlichem Wachstum. Um Sie bestmöglich auf Ihrem Weg zu unterstützen, möchten wir Ihnen die Möglichkeit geben, über Ihre Entwicklung, Ihre Ziele und mögliche nächste Schritte zu sprechen

# EMAIL REQUEST FOR A MEETING ON PERSONAL DEVELOPMENT AND CAREER OPPORTUNITIES

## SUBJECT:
### REQUEST FOR A MEETING ON PERSONAL DEVELOPMENT AND CAREER GROWTH

Dear [Employee's Name / Team],

I hope this message finds you well. As part of our ongoing commitment to personal development and career advancement, I would like to invite you to a conversation about your professional growth and potential career opportunities within our organization.

I believe that each of you has unique strengths and aspirations, and I would love to discuss how we can support you in achieving your career goals. During our meeting, we can explore:

Your current role and responsibilities

Your career aspirations and interests

Opportunities for skill development and training

Potential pathways for advancement within the company

Please let me know your availability for a meeting in the upcoming weeks. I am looking forward to our conversation and to supporting you in your career journey.

# E-MAIL-ANFRAGE FÜR EIN GE-SPRÄCH ÜBER PERSÖNLICHE ENT-WICKLUNG UND KARRIEREMÖG-LICHKEITEN

### BETREFF:
### ANFRAGE FÜR EIN GESPRÄCH ÜBER PERSÖNLICHE ENTWICKLUNG UND KARRIERECHANCEN

Liebe/r [Name des Mitarbeiters / Team],

ich hoffe, diese Nachricht erreicht Sie wohlbehalten. Im Rahmen unseres kontinuierlichen Engagements für persönliche Entwicklung und Karrierefortschritt möchte ich Sie zu einem Gespräch über Ihr berufliches Wachstum und potenzielle Karrieremöglichkeiten innerhalb unseres Unternehmens einladen.

Ich bin der Überzeugung, dass jeder von Ihnen einzigartige Stärken und Ziele hat, und ich würde gerne darüber sprechen, wie wir Sie dabei unterstützen können, Ihre Karriereziele zu erreichen. In unserem Gespräch können wir folgende Themen erkunden:

Ihre aktuelle Rolle und Verantwortlichkeiten

Ihre Karriereziele und Interessen

Möglichkeiten zur Weiterentwicklung und Schulung

Potenzielle Aufstiegsmöglichkeiten innerhalb des Unternehmens

Best regards,

[Your Name]
[Your Job Title]
[Your Company Name]
[Your Contact Information]

*Remember:*

**Personalization:** Make sure to include the employee's name and, if applicable, specific details related to their role.

**Flexibility:** Allow recipients to suggest a suitable time for the meeting to demonstrate flexibility.

Bitte teilen Sie mir Ihre Verfügbarkeit für ein Treffen in den kommenden Wochen mit. Ich freue mich auf unser Gespräch und darauf, Sie auf Ihrem Karriereweg zu unterstützen.

Mit freundlichen Grüßen,

[Ihr Name]
[Ihre Position]
[Ihr Firmenname]
[Ihre Kontaktdaten]

*Merke:*

**Personalisierung:** Achten Sie darauf, den Namen des Mitarbeiters oder der Mitarbeiterin und gegebenenfalls spezifische Details zu deren Rolle anzupassen.

**Flexibilität:** Geben Sie den Empfängern die Möglichkeit, einen geeigneten Zeitpunkt für das Gespräch vorzuschlagen, um Flexibilität zu zeigen.

# EFFECTIVE HR MEETINGS:
## STRUCTURE, STRATEGY, AND SUCCESS

A well-organized HR meeting is the key to a successful people strategy. Whether the focus is on talent development, company culture, or strategic workforce planning, a clear structure and goal-oriented discussion are essential. In this chapter, you will learn how to plan an efficient HR meeting, prioritize relevant topics, and ensure that it delivers valuable outcomes for both employees and the company

# EFFEKTIVE HR-MEETINGS:
## STRUKTUR, STRATEGIE UND ERFOLG

Ein gut organisiertes HR-Meeting ist der Schlüssel zu einer erfolgreichen Personalstrategie. Ob es um Talententwicklung, Unternehmenskultur oder strategische Personalplanung geht – eine klare Struktur und ein zielgerichteter Austausch sind entscheidend. In diesem Kapitel erfahren Sie, wie Sie ein effizientes HR-Meeting planen, relevante Themen priorisieren und sicherstellen, dass es sowohl für Mitarbeiter als auch für das Unternehmen wertvolle Ergebnisse liefert

# SETTING UP AN HR MEETING

### Define the Purpose of the Meeting:

Clearly outline what you aim to achieve with the meeting (e.g., employee development, conflict resolution, team building).

### Select Participants:

Identify who needs to be involved in the meeting. This may include team members, leadership, or external consultants.

### Create an Agenda:

Draft a structured agenda that outlines the main points of discussion. Send it in advance so participants can prepare.

### Schedule the Meeting:

Choose an appropriate time that works for all participants, taking into consideration potential scheduling conflicts.

### Choose a Location or Platform:

Decide whether the meeting will be held in person, virtually, or in a hybrid format. Ensure that the location or platform is accessible to everyone.

# AUFSETZEN EINES HR-MEETINGS

### Ziel des Meetings festlegen:

Definieren Sie klar, welches Ziel Sie mit dem Meeting erreichen möchten (z. B. Mitarbeiterentwicklung, Konfliktlösung, Teambildung).

### Teilnehmer auswählen:

Bestimmen Sie, welche Personen für das Meeting relevant sind. Dies können Teammitglieder, Führungskräfte oder externe Berater sein.

### Agenda erstellen:

Erstellen Sie eine strukturierte Agenda, die die Hauptpunkte des Meetings enthält. Versenden Sie diese im Voraus, damit sich alle Teilnehmer vorbereiten können.

### Termin festlegen:

Wählen Sie einen geeigneten Zeitpunkt, der für alle Teilnehmer passt. Berücksichtigen Sie dabei mögliche Zeitkonflikte.

### Ort oder Plattform wählen:

Bestimmen Sie, ob das Meeting persönlich, virtuell oder hybrid stattfinden soll. Stellen Sie sicher, dass der Ort oder die Plattform für alle zugänglich ist.

## Check Technical Requirements:

If the meeting is virtual or hybrid, ensure that all technical aspects (e.g., internet connection, video conferencing software) are functioning properly.

## Send Out Invitations:

Send a formal invitation with all relevant details (date, time, location/link, agenda) to participants.

## Gather Feedback:

After the meeting, solicit feedback from participants to identify areas for improvement for future meetings.

## Technische Ausstattung überprüfen:

Wenn das Meeting virtuell oder hybrid ist, überprüfen Sie die Technik (z. B. Internetverbindung, Videokonferenz-Software).

## Einladung versenden:

Versenden Sie eine formelle Einladung mit allen relevanten Informationen (Datum, Uhrzeit, Ort/Link, Agenda) an die Teilnehmer.

## Feedback einholen:

Bitten Sie die Teilnehmer um Feedback nach dem Meeting, um Verbesserungspotenziale für zukünftige Meetings zu identifizieren.

---

### *Zusätzliche Tipps:*

**Aktive Teilnahme fördern:** Stellen Sie sicher, dass alle Teilnehmer die Möglichkeit haben, sich aktiv einzubringen.

**Protokoll führen:** Führen Sie ein Protokoll über die besprochenen Punkte und Entscheidungen, um die Nachverfolgbarkeit zu gewährleisten.

**Follow-up planen:** Legen Sie fest, welche Maßnahmen nach dem Meeting ergriffen werden müssen, und wer dafür verantwortlich ist.

Diese Hinweise helfen dabei, ein strukturiertes und produktives HR-Meeting zu organisieren und durchzuführen.

---

# HR-BUZZWORDS: TRENDS UND BEGRIFFE FÜR DEN MODERNEN ARBEITSALLTAG

Die Arbeitswelt verändert sich stetig – und mit ihr auch die Sprache des Human Resources. Begriffe wie „New Work", „Agiles Arbeiten" oder „Employee Experience" prägen den HR-Alltag und spiegeln aktuelle Entwicklungen wider. Doch was steckt wirklich hinter diesen Buzzwords? In diesem Kapitel beleuchten wir die wichtigsten Begriffe, erklären ihre Bedeutung und zeigen, wie sie in der Praxis sinnvoll eingesetzt werden können

## Talent Acquisition (Talentakquise)

Der Prozess der Gewinnung, Auswahl und Einarbeitung qualifizierter Kandidaten für offene Stellen.

## Employee Engagement (Mitarbeiterengagement)

Die emotionale Bindung eines Mitarbeiters an sein Unternehmen, die sich auf seinen Einsatz und seine Leistung auswirkt.

## Performance Management (Leistungsmanagement)

Ein systematischer Prozess zur Verbesserung der Unternehmensleistung durch das Management individueller Leistungen und Entwicklungen.

## Work-Life Balance (Work-Life-Balance)

Das Gleichgewicht zwischen Berufs- und Privatleben, das für die Zufriedenheit und Produktivität der Mitarbeiter entscheidend ist.

## Diversity and Inclusion (D&I) (Diversität und Inklusion)

Initiativen zur Förderung der Repräsentation und Beteiligung unterschiedlicher Gruppen in einem Unternehmen, um ein inklusiveres Arbeitsumfeld zu schaffen.

## Succession Planning (Nachfolgeplanung)

Die Strategie zur Identifizierung und Entwicklung neuer Führungskräfte, die bestehende Führungskräfte ersetzen können, wenn diese das Unternehmen verlassen, in den Ruhestand gehen oder versterben.

## Organizational Culture (Unternehmenskultur)

Die Werte, Überzeugungen und Verhaltensweisen, die bestimmen, wie Arbeit innerhalb eines Unternehmens organisiert und durchgeführt wird.

## Change Management (Change-Management / Veränderungsmanagement)

Der Ansatz zur Steuerung von Veränderungen in Unternehmen, Teams oder bei einzelnen Mitarbeitern, insbesondere während organisatorischer Transformationsprozesse.

## Learning and Development (L&D) (Lernen und Entwicklung)

Schulungsprogramme und Initiativen zur Verbesserung der Fähigkeiten, Kenntnisse und Kompetenzen der Mitarbeiter.

## Employee Retention (Mitarbeiterbindung)

Strategien und Maßnahmen zur langfristigen Bindung talentierter Mitarbeiter an das Unternehmen.

## Employer Branding (Arbeitgebermarke)

Der Ruf eines Unternehmens als Arbeitgeber, der seine Fähigkeit beeinflusst, Talente anzuziehen und zu halten.

## Onboarding (Einarbeitung)

Der Prozess der Integration neuer Mitarbeiter in ein Unternehmen und der Einführung in dessen Kultur und Abläufe.

## HR Analytics (HR-Analytik)

Die Nutzung von Datenanalysen zur Verbesserung von HR-Entscheidungen sowie zur Steigerung der Mitarbeiterleistung und -bindung.

## Remote Work (Remote-Arbeit / Arbeiten aus der Ferne)

Eine Arbeitsform, die es Mitarbeitern ermöglicht, außerhalb des traditionellen Büroumfelds zu arbeiten, oft von zu Hause aus.

## Agile HR (Agiles HR-Management)

Ein flexibler und anpassungsfähiger HR-Ansatz, der schnelle Reaktionen auf Veränderungen und iterative Prozesse betont.

## Soft Skills (Soft Skills / Soziale Kompetenzen)

Zwischenmenschliche Fähigkeiten wie Kommunikation, Teamarbeit und Problemlösung, die für den beruflichen Erfolg entscheidend sind.

## Employee Well-being (Mitarbeiterwohlbefinden)

Programme und Initiativen, die sich auf die körperliche, geistige und emotionale Gesundheit der Mitarbeiter konzentrieren.

### 360-Degree Feedback (360-Grad-Feedback)

Eine Methode der Leistungsbeurteilung, bei der Mitarbeiter Rückmeldungen von Vorgesetzten, Kollegen, unterstellten Mitarbeitern und manchmal auch von Kunden erhalten.

### Job Crafting (Jobgestaltung)

Ein Prozess, bei dem Mitarbeiter ihre eigenen Arbeitsaufgaben individuell anpassen, um ihre Zufriedenheit und ihr Engagement zu steigern.

### HR Transformation (HR-Transformation)

Die Neugestaltung von HR-Prozessen, -Strukturen und -Rollen, um sie besser an Unternehmensziele und Mitarbeiterbedürfnisse anzupassen.

*Merke:*

Diese Begriffe spiegeln aktuelle Trends und zentrale Konzepte im Bereich Human Resources wider. Ein fundiertes Verständnis dieser Buzzwords kann die Kommunikation und das Verständnis innerhalb des HR-Bereichs und zwischen Führungskräften und Mitarbeitern verbessern. Die gezielte Verwendung dieser Begriffe in Gesprächen, Berichten und Strategien hilft HR-Profis, ihre Ziele und Initiativen klar und überzeugend zu formulieren.

# GUIDING PRINCIPLES IN HUMAN RESOURCES: A FRAMEWORK FOR MODERN HR STRATEGY

HR guiding principles serve as strategic guidelines for a sustainable and employee-centered people strategy. They define the values, principles, and goals that shape an organization's HR approach. Whether focusing on talent development, corporate culture, or the future of work – clear guiding principles provide direction and help companies create a respectful, inclusive, and performance-driven work environment. In this chapter, we explore key HR principles and their impact on a successful HR strategy.

# LEITSÄTZE IM HUMAN RESOURCES: ORIENTIERUNG FÜR EINE MODERNE PERSONALSTRATEGIE

Leitsätze im HR-Bereich dienen als strategische Richtlinien für eine nachhaltige und mitarbeiterorientierte Personalpolitik. Sie definieren die Werte, Prinzipien und Ziele, nach denen eine Organisation ihre Personalarbeit ausrichtet. Ob es um Talentförderung, Unternehmenskultur oder die Zukunft der Arbeit geht – klare Leitsätze schaffen Orientierung und unterstützen Unternehmen dabei, eine wertschätzende, inklusive und leistungsfördernde Arbeitsumgebung zu gestalten. In diesem Kapitel beleuchten wir zentrale HR-Leitsätze und ihre Bedeutung für eine erfolgreiche Personalstrategie

People are our greatest asset.

The success of a company is largely dependent on its employees.


Diversity drives innovation.

A diverse team brings different perspectives and ideas that enhance creativity and problem-solving.

Transparent communication is key to trust.

Openness in communication strengthens trust between employees and management.

Engaged employees are productive employees.

Higher employee satisfaction leads to better performance and lower turnover.

Continuous learning is essential.

Ongoing training and development of employees are crucial for the long-term success of the organization.

Feedback is a tool for improvement.

Constructive feedback fosters growth and development among employees.

Culture is the heart of an organization.

A positive organizational culture significantly impacts the work environment and employee retention.

Menschen sind unser wichtigstes Kapital.

Der Erfolg eines Unternehmens hängt maßgeblich von seinen Mitarbeitern ab.

Vielfalt fördert Innovation.

Ein diverses Team bringt unterschiedliche Perspektiven und Ideen ein, die die Kreativität und Problemlösungsfähigkeiten steigern.

Transparente Kommunikation ist der Schlüssel zum Vertrauen.

Offenheit in der Kommunikation stärkt das Vertrauen zwischen Mitarbeitern und Führung.

Engagierte Mitarbeiter sind produktive Mitarbeiter.

Höhere Mitarbeiterzufriedenheit führt zu besserer Leistung und geringerer Fluktuation.

Kontinuierliche Weiterbildung ist unerlässlich.

Ständige Weiterbildung und Entwicklung der Mitarbeiter sind entscheidend für den langfristigen Erfolg des Unternehmens.

Feedback ist ein Werkzeug zur Verbesserung.

Konstruktives Feedback fördert das Wachstum und die Entwicklung von Mitarbeitern.

Kultur ist das Herzstück einer Organisation.

Eine positive Unternehmenskultur beeinflusst das Arbeitsumfeld und die Mitarbeiterbindung erheblich.

Leaders are role models.

Leaders should exemplify the desired behavior within the company through their actions and decisions.

Employee well-being is a priority.

The physical and mental health of employees is critical for their performance and satisfaction.

Agility is essential in today's business world.

Organizations must be adaptable to respond to changes in the market and work environment.

**Remember:**

These guiding principles provide valuable orientation for HR professionals and leaders in creating a positive and productive work environment. They emphasize the importance of people, communication, learning, and agility in HR management

Führungskräfte sind Vorbilder.

Führungskräfte sollten durch ihr Verhalten und ihre Entscheidungen das gewünschte Verhalten im Unternehmen vorleben.

Wohlbefinden der Mitarbeiter hat Priorität.

Die physische und psychische Gesundheit der Mitarbeiter ist entscheidend für ihre Leistung und Zufriedenheit.

Agilität ist in der heutigen Geschäftswelt unerlässlich.

Unternehmen müssen anpassungsfähig sein, um auf Veränderungen im Markt und in der Arbeitswelt reagieren zu können.

*Merke:*

Diese Leitsätze bieten eine wertvolle Orientierung für HR-Professionals und Führungskräfte, um eine positive und produktive Arbeitsumgebung zu schaffen. Sie betonen die Bedeutung von Menschen, Kommunikation, Lernen und Agilität im HR-Management.

# THE FEEDBACK CONVERSATION: CONSTRUCTIVE DIALOGUE FOR GROWTH AND DEVELOPMENT

A well-conducted feedback conversation is a valuable tool for fostering employee development and strengthening collaboration. It provides an opportunity to reflect on performance, recognize strengths, and address areas for improvement. Open and appreciative communication is essential to motivating employees and providing clear guidance.

To ensure a structured and productive discussion, a clear conversation framework can be helpful. This framework supports managers in delivering feedback constructively and creating a positive atmosphere. In this chapter, we will explore the key elements of a successful feedback conversation and introduce a practical conversation guide.

# DAS FEEDBACK-GESPRÄCH: KONSTRUKTIVER AUSTAUSCH FÜR WACHSTUM UND ENTWICKLUNG

Ein gut geführtes Feedback-Gespräch ist ein wertvolles Instrument zur Förderung der Mitarbeiterentwicklung und zur Stärkung der Zusammenarbeit. Es bietet die Möglichkeit, Leistungen zu reflektieren, Stärken zu erkennen und Verbesserungspotenziale gezielt anzusprechen. Wichtig ist eine offene, wertschätzende Kommunikation, die den Mitarbeiter motiviert und ihm klare Orientierung gibt.

Damit das Gespräch strukturiert und zielführend verläuft, hilft ein klarer Gesprächsbogen. Dieser unterstützt Führungskräfte dabei, das Feedback konstruktiv zu gestalten und eine positive Gesprächsatmosphäre zu schaffen. In diesem Kapitel gehen wir auf die wesentlichen Elemente eines erfolgreichen Feedback-Gesprächs ein und stellen einen praxiserprobten Gesprächsbogen vor.

# Feedback Form for Employee Discussion (English)

Employee Name: _____

Date of Discussion: _____

Facilitator: _____

1. Objectives of the Discussion
   What were the main objectives of the discussion?

2. Employee Strengths
   What strengths were highlighted during the discussion?

3. Areas for Improvement
   What areas were identified as needing improvement?

4. Specific Examples
   Please provide specific examples of observed behavior:

5. Employee Satisfaction
   How satisfied is the employee with their current role and team?

6. Future Goals
   What goals were established for the future?

7. Next Steps
   What are the next steps that need to be taken?

8. Open Questions/Comments
   Are there any open questions or comments that should be addressed?

# Feedback Form for Employee Discussion (English)

Mitarbeitername: _____

Datum des Gesprächs: _____

Gesprächsführer: _____

1. Ziele des Gesprächs
   Was waren die Hauptziele des Gesprächs?

2. Stärken des Mitarbeiters
   Welche Stärken wurden im Gespräch hervorgehoben?

3. Verbesserungsbereiche
   Welche Bereiche wurden als verbesserungswürdig identifiziert?

4. Konkrete Beispiele
   Bitte geben Sie konkrete Beispiele für beobachtetes Verhalten:

5. Mitarbeiterzufriedenheit
   Wie zufrieden ist der Mitarbeiter mit seiner aktuellen Rolle und dem Team?

6. Ziele für die Zukunft
   Welche Ziele wurden für die Zukunft festgelegt?

7. Nächste Schritte
   Was sind die nächsten Schritte, die unternommen werden müssen?

8. Offene Fragen/Anmerkungen
   Gibt es offene Fragen oder Anmerkungen, die berücksichtigt werden sollten?

Signature of Facilitator: _____

Signature of Employee: _____

*Remember:*

**Customization:** This feedback form can be adapted to the specific requirements of the company or department.

**Confidentiality:** Ensure that all information is treated confidentially to encourage open and honest communication.

**Feedback Culture:** Use the form as part of a continuous feedback culture to enhance employee engagement and performance.

Unterschrift des Gesprächsführers: _____

Unterschrift des Mitarbeiters: _____

**Merke:**

**Anpassung**: Dieser Feedbackbogen kann an die spezifischen Anforderungen des Unternehmens oder der Abteilung angepasst werden.

**Vertraulichkeit:** Stellen Sie sicher, dass alle Informationen vertraulich behandelt werden, um eine offene und ehrliche Kommunikation zu fördern.

**Feedback-Kultur:** Verwenden Sie den Bogen als Teil einer kontinuierlichen Feedback-Kultur, um das Mitarbeiterengagement und die Leistung zu verbessern

# TERMINATION: A SENSITIVE PROCESS WITH FORESIGHT

A termination is a significant moment for both employer and employee. Whether it is a resignation, a business-related dismissal, or an immediate termination, the process should always be handled professionally, respectfully, and transparently. Clear communication, a fair approach, and consideration of legal as well as human aspects are crucial to making the transition as smooth as possible for all parties involved.

In this chapter, we examine the key steps in the termination process, provide practical guidance on handling termination conversations, and explore how both companies and employees can navigate this challenging situation effectively

# DIE KÜNDIGUNG: EIN SENSIBLER PROZESS MIT WEITBLICK

Eine Kündigung ist für beide Seiten – Arbeitgeber und Mitarbeiter – ein einschneidender Moment. Ob es sich um eine arbeitnehmerseitige Kündigung, eine betriebsbedingte Trennung oder eine fristlose Entlassung handelt, der Prozess sollte stets professionell, respektvoll und transparent gestaltet werden. Eine klare Kommunikation, eine faire Vorgehensweise und die Berücksichtigung rechtlicher sowie menschlicher Aspekte sind entscheidend, um den Übergang für alle Beteiligten so reibungslos wie möglich zu gestalten.

In diesem Kapitel beleuchten wir die wichtigsten Schritte im Kündigungsprozess, geben praktische Hinweise zum Umgang mit Kündigungsgesprächen und zeigen, wie Unternehmen sowie Mitarbeiter diese herausfordernde Situation bestmöglich meistern können.

# TERMINATION DUE TO MISCONDUCT AND FAILURE TO UPHOLD THE COMPANY'S CORE VALUES

## Termination Letter

[Company Name]
[Company Address]
[Postal Code, City]
[Date]

[Employee Name]
[Employee Address]
[Postal Code, City]

Subject: Termination of Employment

Dear [Employee Name],

We hereby terminate your employment with [Company Name] effective immediately, in accordance with § 626 BGB, due to serious misconduct and violation of the core values of our company.

In the past [time frame, e.g., weeks/months], we have documented several incidents that are in direct violation of our company values, including [brief list of specific incidents or violations, e.g., unprofessional behavior, breaches of conduct policies]. These actions have not only undermined the trust of your colleagues and supervisors but have also negatively impacted the positive work environment

# KÜNDIGUNG AUFGRUND VON FEHLVERHALTEN UND NICHTEINHALTUNG DER GRUND-WERTE DES UNTERNEHMENS

## Kündigungsschreiben

[Unternehmensname]
[Unternehmensadresse]
[PLZ, Ort]
[Datum]

[Name des Mitarbeiters]
[Adresse des Mitarbeiters]
[PLZ, Ort]

Betreff: Kündigung Ihres Arbeitsverhältnisses

Sehr geehrte/r [Name des Mitarbeiters],

hiermit kündigen wir Ihr Arbeitsverhältnis mit [Unternehmensname] fristlos, gemäß § 626 BGB, aufgrund von schwerwiegendem Fehlverhalten und Nichteinhaltung der Grundwerte unseres Unternehmens.

In den letzten [Zeitspanne, z. B. Wochen/Monaten] haben wir mehrere Vorfälle dokumentiert, die in direktem Widerspruch zu unseren Unternehmenswerten stehen, darunter [kurze Aufzählung der spezifischen Vorfälle oder Verstöße, z. B. unprofessionelles Verhalten, Verstöße gegen die Verhaltensrichtlinien]. Diese Handlungen haben

we strive to maintain.

We have previously attempted to address these issues through [e.g., discussions, warnings, training], but unfortunately, no improvement has been observed. Therefore, we are compelled to make this decision.

Please note that your last working day will be [date]. All outstanding entitlements, including your final salary payment, will be settled in accordance with legal requirements.

We wish you all the best for your future endeavors.


Sincerely,
[Your Name]
[Your Position]
[Company Name]

*Remember:*

Make sure to tailor the writing to the specific situation.

nicht nur das Vertrauen Ihrer Kollegen und Vorgesetzten untergraben, sondern auch das positive Arbeitsumfeld, das wir in unserem Unternehmen fördern möchten.

Wir haben in der Vergangenheit versucht, die angesprochenen Probleme durch [z. B. Gespräche, Warnungen, Schulungen] zu klären, jedoch hat sich leider keine Verbesserung ergeben. Daher sehen wir uns gezwungen, diese Entscheidung zu treffen.

Bitte beachten Sie, dass Ihr letzter Arbeitstag der [Datum] sein wird. Alle offenen Ansprüche, einschließlich Ihrer letzten Gehaltszahlung, werden gemäß den gesetzlichen Vorgaben abgerechnet.

Wir wünschen Ihnen für Ihre berufliche Zukunft alles Gute.

Mit freundlichen Grüßen,

[Ihr Name]
[Ihre Position]
[Unternehmensname]

*Merke:*

Achten Sie darauf, das Schreiben an die spezifische Situation und die Unternehmensrichtlinien anzupassen.

# JOB ADVERTISEMENT: THE FIRST STEP TO FINDING THE RIGHT FIT

A well-crafted job advertisement is the first step in attracting the right talent for an open position. It serves not only as an informational resource for potential applicants but also reflects the company's values and culture. A clear, concise, and engaging advertisement attracts qualified candidates and helps to secure the best talent for the organization.

In this chapter, we explore the key elements of a successful job advertisement and demonstrate how it can be strategically used to appeal to the right professionals and ultimately bring them into the company

# STELLENAUSSCHREIBUNG: DER ERSTE SCHRITT ZUR RICHTIGEN BESETZUNG

Eine gut formulierte Stellenausschreibung ist der erste Schritt, um die richtigen Talente für eine offene Position zu gewinnen. Sie dient nicht nur als Informationsquelle für potenzielle Bewerber, sondern spiegelt auch die Werte und Kultur des Unternehmens wider. Eine klare, präzise und ansprechende Ausschreibung zieht qualifizierte Kandidaten an und hilft dabei, die besten Bewerber für das Unternehmen zu gewinnen.

In diesem Kapitel beleuchten wir die wesentlichen Elemente einer erfolgreichen Stellenausschreibung und zeigen, wie diese gezielt eingesetzt werden kann, um die passenden Fachkräfte anzusprechen und langfristig für das Unternehmen zu gewinnen

# KEY CONSIDERATIONS FOR CREATING A JOB POSTING

Define the Target Audience:

Determine what type of candidates you want to attract (e.g., entry-level, experienced professionals).

Clear Job Title:

Choose a precise and understandable job title that accurately describes the position.

Company Description:

Provide a brief overview of the company, including its culture, values, and work environment.

Duties and Responsibilities:

List the primary responsibilities of the position clearly and in detail. Use clear and concise language.

Requirements:

Define the necessary qualifications, skills, and experience the candidate should possess.

Desirable Attributes:

Mention additional skills or qualities that would be beneficial but are not strictly required.

# WORAUF MUSS MAN ACHTEN BEI DER ERSTELLUNG EINER STELLEN-AUSSCHREIBUNG ?

Zielgruppe definieren:

Bestimmen Sie, welche Art von Kandidaten Sie ansprechen möchten (z. B. Berufseinsteiger, erfahrene Fachkräfte).

Klarer Jobtitel:

Wählen Sie einen präzisen und verständlichen Jobtitel, der die Position gut beschreibt.

Unternehmensbeschreibung:

Geben Sie einen kurzen Überblick über das Unternehmen, seine Kultur, Werte und das Arbeitsumfeld.

Aufgaben und Verantwortlichkeiten:

Listen Sie die Hauptaufgaben der Position klar und detailliert auf. Verwenden Sie klare und prägnante Formulierungen.

Anforderungen:

Definieren Sie die notwendigen Qualifikationen, Fähigkeiten und Erfahrungen, die der Kandidat mitbringen sollte.

Wünschenswerte Eigenschaften:

Nennen Sie zusätzliche Fähigkeiten oder Eigenschaften, die vorteilhaft wären, aber nicht unbedingt erforderlich sind.

Working Conditions:

Provide information about working hours, salary range, benefits, and any remote work options.

Application Process:

Explain the application process, including required documents (e.g., resume, cover letter) and contact information.

Inclusivity:

Use inclusive language that promotes diversity and appeals to candidates from different backgrounds.

Call to Action:

Conclude the posting with a clear call to action encouraging candidates to apply.

Arbeitsbedingungen:

Geben Sie Informationen zu Arbeitszeiten, Gehaltsspanne, Vorteilen und eventuell Homeoffice-Möglichkeiten.

Bewerbungsprozess:

Erklären Sie den Bewerbungsprozess, einschließlich der benötigten Unterlagen (z. B. Lebenslauf, Anschreiben) und der Kontaktinformationen.

Inklusivität:

Verwenden Sie eine inklusive Sprache, die Vielfalt fördert und Bewerber aus unterschiedlichen Hintergründen anspricht.

Call to Action:

Schließen Sie die Ausschreibung mit einem klaren Aufruf zur Bewerbung ab.

# KPI FRAMEWORK: BENCHMARKS FOR SUCCESS AND PERFORMANCE

A KPI (Key Performance Indicator) framework is an essential tool for measuring and managing performance within an organization. It helps clearly define key objectives and outcomes while tracking progress. By setting measurable metrics across various areas, the KPI framework allows for an objective evaluation of success and areas for improvement. In this chapter, we explore how to create an effective KPI framework, which metrics are most important, and how companies can leverage it to successfully achieve their strategic goals

# KPI-BOGEN: MASSSTÄBE FÜR DEN ERFOLG UND DIE LEISTUNG

Ein KPI-Bogen (Key Performance Indicator) ist ein unverzichtbares Werkzeug zur Messung und Steuerung der Leistung innerhalb einer Organisation. Er hilft, die wichtigsten Ziele und Ergebnisse klar zu definieren und den Fortschritt zu überwachen. Indem er quantifizierbare Kennzahlen für verschiedene Bereiche festlegt, ermöglicht der KPI-Bogen eine objektive Bewertung von Erfolg und Verbesserungspotenzial. In diesem Kapitel beleuchten wir, wie ein effektiver KPI-Bogen erstellt wird, welche Kennzahlen wichtig sind und wie Unternehmen diesen Bogen nutzen können, um ihre strategischen Ziele erfolgreich zu verfolgen

# TEMPLATE FOR SETTING KPIS FOR LEADERS

Leader Name: _____

Department: _____

Date: _____

Facilitator: _____

1. Objectives
   What are the main objectives of the leader for the upcoming year?

2. Key Responsibilities
   What are the key responsibilities of the leader in their position?

3. Identification of KPIs
   What specific KPIs are relevant for measuring the leader's performance? (Please define at least 3 KPIs)

4. Measurement Methods
   How will the KPIs be measured? (e.g., through reports, surveys, performance evaluations)

5. Review Frequency
   How often will the KPIs be reviewed? (e.g., monthly, quarterly, annually)

6. Responsibilities
   Who is responsible for collecting and analyzing the KPIs?

# KPI BOGEN

Führungskraft: _____
Abteilung: _____
Datum: _____
Gesprächsführer: _____

1. Zielsetzung
   Was sind die Hauptziele der Führungskraft für das kommende Jahr?

2. Hauptverantwortlichkeiten
   Welche wesentlichen Verantwortlichkeiten hat die Führungskraft in ihrer Position?

3. Identifizierung von KPIs
   Welche spezifischen KPIs sind relevant, um die Leistung der Führungskraft zu messen? (Bitte mindestens 3 KPIs definieren)

4. Messmethoden
   Wie werden die KPIs gemessen? (z. B. durch Berichte, Umfragen, Leistungsbewertungen)

5. Häufigkeit der Überprüfung
   Wie oft werden die KPIs überprüft? (z. B. monatlich, vierteljährlich, jährlich)

6. Verantwortlichkeiten
   Wer ist verantwortlich für die Erfassung und Auswertung der KPIs?

7.  Adjustment and Feedback
    How will feedback on performance be provided, and how can KPIs be adjusted if necessary?

8.  Additional Comments
    Any additional notes or considerations:

Signature of Leader: _____
Signature of Facilitator: _____

**Usage Notes:**

**Customization:** This template can be tailored to fit the specific needs of the department or organization.

**Transparency:** Ensure that the KPIs are clearly communicated and that the leader has the opportunity to provide input.

7. Anpassung und Feedback
   Wie wird Feedback zur Leistung gegeben, und wie können KPIs angepasst werden, falls notwendig?

8. Abschlusskommentare
   Zusätzliche Anmerkungen oder Überlegungen:

Unterschrift der Führungskraft: _____
Unterschrift des Gesprächsführers: _____

*Nützliche Hinweise :*

**Anpassung:** Diese Vorlage kann an die spezifischen Bedürfnisse der Abteilung oder Organisation angepasst werden.

Transparenz: Stellen Sie sicher, dass die KPIs klar kommuniziert werden und dass die Führungskraft die Möglichkeit hat, Feedback zu geben.

# EMAIL FROM AN HR MANAGER TO THE HIRING MANAGER: COLLABORATING TO MEET STAFFING NEEDS

Close collaboration between HR and hiring managers is essential to fill open positions quickly and successfully. As an HR manager, it is important to involve the hiring manager early in the recruitment process to ensure that the candidate requirements and expectations are clearly defined. In this email, the HR manager aims to update the hiring manager on the status of recruitment, clarify any open questions, and work together to find the best solutions

# E-MAIL VON EINEM HR MANAGER AN DEN BEDARFSTRÄGER: ZUSAMMENARBEIT FÜR DIE PERSONALBEDARFSDECKUNG

Die enge Zusammenarbeit zwischen HR und den Bedarfsträgern ist entscheidend, um offene Positionen schnell und erfolgreich zu besetzen. Als HR-Manager ist es wichtig, den Bedarfsträger frühzeitig in den Rekrutierungsprozess einzubeziehen, um sicherzustellen, dass die Anforderungen und Erwartungen an den Kandidaten klar definiert sind. In dieser E-Mail geht es darum, den Bedarfsträger über den aktuellen Stand der Personalbeschaffung zu informieren, offene Fragen zu klären und gemeinsam die besten Lösungen zu finden

# TEMPLATE FOR SETTING KPIS FOR LEADERS

### Subject: Clarification of Requirements for the Open Position

Dear [Name of Stakeholder],

I hope this message finds you well. I am reaching out to gather more information regarding the requirements and expectations for the open position within your team. To ensure that we attract the best talent for the role, it would be helpful to understand your specific needs and priorities.

Could you please provide some insights on the following points:

Job Title and Key Responsibilities: What are the main tasks associated with the position?

Required Qualifications: What skills and experience do you believe are necessary?

Personal Attributes: What personal qualities would be advantageous for this role?

Special Requirements: Are there any specific requirements or criteria that should be considered?

I suggest we arrange a brief meeting to discuss these points in detail. Please let me know when it would be convenient for you.

Thank you for your support!

# E-MAIL

**Betreff: Klärung der Anforderungen für die offene Position**

Sehr geehrte/r [Name des Bedarfsträgers],

ich hoffe, es geht Ihnen gut. Ich schreibe Ihnen, um mehr über die Anforderungen und Erwartungen an die offene Position in Ihrem Team zu erfahren. Um sicherzustellen, dass wir die besten Talente für die Stelle finden, wäre es hilfreich, Ihre spezifischen Bedürfnisse und Prioritäten zu verstehen.

Könnten Sie mir bitte einige Informationen zu folgenden Punkten geben:

Jobtitel und Hauptverantwortlichkeiten: Was sind die wichtigsten Aufgaben der Position?

Erforderliche Qualifikationen: Welche Fähigkeiten und Erfahrungen sind Ihrer Meinung nach notwendig?

Persönliche Eigenschaften: Welche persönlichen Eigenschaften wären für die Rolle vorteilhaft?

Besondere Anforderungen: Gibt es spezielle Anforderungen oder Kriterien, die berücksichtigt werden sollten?

Ich schlage vor, dass wir uns eventuell zu einem kurzen Gespräch treffen, um diese Punkte im Detail zu besprechen. Bitte lassen Sie mich wissen, wann es Ihnen am besten passt.

Vielen Dank für Ihre Unterstützung!

Best regards,

[Your Name]
[Your Title]
[Company Name]
[Phone Number]
[Email Address]

Mit freundlichen Grüßen,

[Ihr Name]
[Ihr Titel]
[Unternehmensname]
[Telefonnummer]
[E-Mail-Adresse]

# EMAIL TEMPLATE FOR AN HR MANAGER TO INFORM SUPPLIERS ABOUT A NEW EXTERNAL POSITION

Communication with external suppliers is a critical component of the recruitment process, especially when it comes to filling a new external position. As an HR manager, it is important to inform suppliers about open roles early on, so they can adjust their resources and suggest suitable candidates. This email notifies the supplier about the new external position and requests their support in the recruitment process.

# E-MAIL-VORLAGE FÜR EINEN HR-MANAGER ZUR INFORMATION VON LIEFERANTEN ÜBER EINE NEUE EXTERNE STELLE

Die Kommunikation mit externen Lieferanten ist ein entscheidender Bestandteil des Rekrutierungsprozesses, besonders wenn es um die Besetzung einer neuen externen Position geht. Als HR-Manager ist es wichtig, den Lieferanten frühzeitig über offene Stellen zu informieren, damit diese ihre Ressourcen entsprechend anpassen und geeignete Kandidaten vorschlagen können. In dieser E-Mail wird der Lieferant über die neue externe Position informiert und um Unterstützung bei der Rekrutierung gebeten

## Subject: Announcement of a New External Position

Dear [Supplier's Name],

I hope this message finds you well. I would like to inform you that we have created a new external position within our company. This role is part of our ongoing efforts to enhance our services and ensure we attract the best talent for our team.

Job Title: [Job Title]

Department: [Department]

Location: [Location]

Application Deadline: [Application Deadline]

We are looking for a qualified candidate who possesses the following skills and experience:

[List of required skills/experience]

[Additional requirements]

If you have any suitable candidates in your network or can provide recommendations, we would greatly appreciate your support. Please feel free to share this information with potential interested parties.

Should you have any questions or need further information, please do not hesitate to reach out.

Thank you for your support!

**Betreff: Information über eine neue externe Stelle**

Sehr geehrte Damen und Herren,

ich hoffe, es geht Ihnen gut. Ich möchte Sie darüber informieren, dass wir eine neue externe Stelle in unserem Unternehmen geschaffen haben. Diese Position ist Teil unserer kontinuierlichen Bemühungen, unsere Dienstleistungen zu verbessern und sicherzustellen, dass wir die besten Talente für unser Team gewinnen.

Stellenbezeichnung: [Jobtitel]

Abteilung: [Abteilung]

Standort: [Standort]

Bewerbungsfrist: [Bewerbungsfrist]

Wir suchen nach einem qualifizierten Kandidaten, der/die über folgende Fähigkeiten und Erfahrungen verfügt:

[Aufzählung der erforderlichen Fähigkeiten/Erfahrungen]

[Zusätzliche Anforderungen]

Falls Sie passende Kandidaten in Ihrem Netzwerk haben oder Empfehlungen abgeben können, würden wir uns sehr über Ihre Unterstützung freuen. Bitte leiten Sie diese Informationen an potenzielle Interessenten weiter.

Für Rückfragen oder weitere Informationen stehe ich Ihnen jederzeit gerne zur Verfügung.

Vielen Dank für Ihre Unterstützung!

Best regards,

[Your Name]
[Your Title]
[Company Name]
[Phone Number]
[Email Address]

*Remember:*

**Customization:** Adapt the template to the specific requirements and details of the position.

**Professionalism:** Maintain a polite and professional tone to foster a positive relationship with suppliers.

**Follow up on feedback:** It may be helpful to schedule a follow-up after sending the email to ensure the message was received and understood.

Mit freundlichen Grüßen,

[Ihr Name]
[Ihr Titel]
[Unternehmensname]
[Telefonnummer]
[E-Mail-Adresse]

**Merke:**

**Anpassung:** Passen Sie die Vorlage an die spezifischen Anforderungen und Details der Stelle an.

**Professionalität:** Halten Sie den Ton höflich und professionell, um eine positive Beziehung zu den Lieferanten zu fördern.

**Verfolgen Sie Rückmeldungen**: Es kann hilfreich sein, ein Follow-up nach dem Versenden der E-Mail zu planen, um sicherzustellen, dass die Nachricht empfangen und verstanden wurde.

# TEMPLATE FOR HR SPECIAL PROJECTS: PROMOTING TRANSPARENCY AND COLLABORATION

Special projects in the HR field offer the opportunity to implement innovative ideas and drive important changes within the organization. They provide an excellent chance to engage employees, gather their input, and work together on forward-thinking initiatives. HR managers can use the company's intranet to present such projects, create transparency, encourage collaboration, and inform all employees about new developments. This template explains how to effectively present HR special projects.

# VORLAGE FÜR SONDERPROJEKTE IM HR-BEREICH: TRANSPARENZ UND ZUSAMMENARBEIT FÖRDERN

Sonderprojekte im HR-Bereich bieten die Möglichkeit, innovative Ideen umzusetzen und wichtige Veränderungen innerhalb des Unternehmens voranzutreiben. Sie sind eine hervorragende Gelegenheit, die Mitarbeiter zu engagieren, ihre Ideen zu sammeln und gemeinsam an zukunftsweisenden Initiativen zu arbeiten. Im Intranet des Unternehmens können HR-Manager solche Projekte vorstellen, um Transparenz zu schaffen, die Zusammenarbeit zu fördern und alle Mitarbeiter über neue Entwicklungen zu informieren. In dieser Vorlage wird erklärt, wie Sonderprojekte im HR-Bereich effektiv präsentiert werden können

Special Project: [Project Name]

Project Lead: [Name of Project Leader]

Department: [Department]

Start Date: [Start Date]

End Date: [End Date]

Project Description:

[Insert a brief description of the project here. Explain the objectives, scope, and significance of the project for the company.]

Project Objectives:

Objective 1: [Brief description of the objective]

Objective 2: [Brief description of the objective]

Objective 3: [Brief description of the objective]

Stakeholders Involved:

[Name, Role]

[Name, Role]

[Name, Role]

Timeline and Milestones:

Sonderprojekt: [Projektname]

Verantwortliche/r: [Name des Projektleiters]

Abteilung: [Abteilung]

Startdatum: [Startdatum]

Enddatum: [Enddatum]

Projektbeschreibung:

[Hier eine kurze Beschreibung des Projekts einfügen. Erläutern Sie die Ziele, den Umfang und die Bedeutung des Projekts für das Unternehmen.]

Ziele des Projekts:

Ziel 1: [Kurze Beschreibung des Ziels]

Ziel 2: [Kurze Beschreibung des Ziels]

Ziel 3: [Kurze Beschreibung des Ziels]

Beteiligte Stakeholder:

[Name, Rolle]

[Name, Rolle]

[Name, Rolle]

Zeitrahmen und Meilensteine:

Resource Requirements:

[Specify what resources (personnel, budget, materials) are needed to successfully implement the project.]

Expected Outcomes:

[Describe the expected outcomes of the project and how they will support the success of the company.]

Contact Information:

For more information, please contact:

[Name]

[Position]

[Email Address]

[Phone Number]

*Remember:*

**Customization:** This template should be adapted to the specific requirements and details of the respective project.

**Clarity:** Ensure that the information is clear and easy to understand so that all employees can follow the purpose and progress of the project.

**Updating:** Keep the information regularly up to date to ensure transparency.

Ressourcenbedarf:

[Hier angeben, welche Ressourcen (Personal, Budget, Materialien) benötigt werden, um das Projekt erfolgreich umzusetzen.]

Erwartete Ergebnisse:

[Beschreiben Sie, welche Ergebnisse von dem Projekt erwartet werden, und wie diese den Unternehmenserfolg unterstützen.]

Kontaktinformationen:

Für weitere Informationen wenden Sie sich bitte an:

[Name]

[Position]

[E-Mail-Adresse]

[Telefonnummer]

---

*Merke:*

**Anpassung:** Diese Vorlage sollte an die spezifischen Anforderungen und Details des jeweiligen Projekts angepasst werden.

**Klarheit:** Stellen Sie sicher, dass die Informationen klar und verständlich sind, damit alle Mitarbeiter den Zweck und den Fortschritt des Projekts nachvollziehen können.

**Aktualisierung:** Halten Sie die Informationen regelmäßig auf dem neuesten Stand, um Transparenz zu gewährleisten.

# EMAIL TEMPLATE FOR EXCHANGING HR STRATEGIES BETWEEN TWO CHROS

Exchanging best practices and experiences between CHROs (Chief Human Resources Officers) is essential to continuously improve HR strategies and identify new trends. Such exchanges can cover key topics like talent management, employee retention, and organizational transformations. This email template offers a way for two CHROs to connect, exchange their HR strategies, and learn from each other

# E-MAIL-VORLAGE FÜR DEN AUSTAUSCH ÜBER HR-STRATEGIEN ZWISCHEN ZWEI CHROS

Der Austausch von Best Practices und Erfahrungen zwischen CHROs (Chief Human Resources Officers) ist entscheidend, um HR-Strategien kontinuierlich zu verbessern und neue Trends zu erkennen. In einem solchen Austausch können wichtige Themen wie Talentmanagement, Mitarbeiterbindung und organisatorische Transformationen diskutiert werden. Diese E-Mail-Vorlage bietet eine Möglichkeit für zwei CHROs, miteinander in Kontakt zu treten, sich über ihre HR-Strategien auszutauschen und voneinander zu lernen

## Subject: Exchange on HR Strategies

Dear [Name of CHRO],

I hope this message finds you well. My name is [Your Name], and I am the Chief Human Resources Officer at [Your Company]. I would like to take the opportunity to initiate an exchange on HR strategies.

In today's dynamic business environment, innovative HR strategies are crucial for the success of any organization. I believe that by sharing experiences and best practices, we can learn from each other. I am particularly interested in topics such as [e.g., talent management, employee engagement, diversity and inclusion], which are significant in both our organizations.

Would you be open to scheduling a brief call or meeting to discuss our strategies? I believe we could gain valuable insights that would benefit both our teams and our organizations.

Please let me know if you are interested, and what times might work for you for a conversation.

Thank you in advance for your consideration!

Best regards,
[Your Name]
[Your Title]
[Your Company]
[Phone Number]
[Email Address]

**Betreff: Austausch über HR-Strategien**

Sehr geehrte/r [Name des CHRO],

ich hoffe, es geht Ihnen gut. Mein Name ist [Ihr Name] und ich bin der Chief Human Resources Officer bei [Ihr Unternehmen]. Ich möchte die Gelegenheit nutzen, um einen Austausch über HR-Strategien zu initiieren.

In der heutigen dynamischen Geschäftswelt sind innovative HR-Strategien entscheidend für den Erfolg eines Unternehmens. Ich bin der Überzeugung, dass wir durch den Austausch von Erfahrungen und Best Practices voneinander lernen können. Besonders interessieren mich Themen wie [z.B. Talentmanagement, Mitarbeiterengagement, Diversity und Inclusion], die in beiden unseren Organisationen von Bedeutung sind.

Wären Sie bereit, ein kurzes Gespräch oder ein Treffen zu vereinbaren, um unsere Strategien zu diskutieren? Ich glaube, dass wir wertvolle Einblicke gewinnen könnten, die sowohl unseren Teams als auch unseren Unternehmen zugutekommen würden.

Bitte lassen Sie mich wissen, ob Sie Interesse haben, und welche Zeiten Ihnen für ein Gespräch passen würden.

Vielen Dank im Voraus für Ihre Überlegung!

Mit freundlichen Grüßen,
[Ihr Name]
[Ihr Titel]
[Ihr Unternehmen]
[Telefonnummer]
[E-Mail-Adresse]

# HR CHECKLIST

# HR-CHECKLISTE

 **ENG**

 **DE**

## 1. Recruitment Process / Rekrutierungsprozess

| | |
|---|---|
| Post job advertisements | Stellenanzeigen schalten |
| Screen and shortlist candidates | Bewerbungen sichten und Kandidaten auswählen |
| Schedule and conduct interviews | Interviews planen und durchführen |
| Perform background checks | Hintergrundüberprüfungen durchführen |
| Prepare job offers | Arbeitsangebote vorbereiten |

## 2. Onboarding Process / Einarbeitungsprozess

| | |
|---|---|
| Send welcome email and schedule orientation | Willkommens-E-Mail senden und Orientierung einplanen |
| Prepare workstation and tools | Arbeitsplatz und Arbeitsmittel vorbereiten |
| Provide access to necessary systems | Zugang zu erforderlichen Systemen bereitstellen |
| Review company policies and procedures | Unternehmensrichtlinien und -verfahren überprüfen |
| Assign mentor or buddy | Mentor oder Ansprechpartner zuweisen |

## 3. Employee Records Management / Mitarbeiterdatenverwaltung

Maintain updated personnel files — Personalakten aktuell halten

Record employment contracts — Arbeitsverträge dokumentieren

Track employee attendance — Mitarbeiteranwesenheit verfolgen

Ensure compliance with data protection laws — Einhaltung der Datenschutzgesetze sicherstellen

## 4. Performance Management / Leistungsmanagement

Schedule regular performance reviews — Regelmäßige Leistungsbeurteilungen planen

Set and review goals with employees — Ziele mit Mitarbeitern festlegen und überprüfen

Provide constructive feedback — Konstruktives Feedback geben

Document performance issues and improvements — Leistungsprobleme und Verbesserungen dokumentieren

## 5. Training and Development / Schulung und Entwicklung

| | |
|---|---|
| Identify skill gaps | Qualifikationslücken identifizieren |
| Organize training sessions or workshops | Schulungen oder Workshops organisieren |
| Track employee participation | Teilnahme der Mitarbeiter nachverfolgen |
| Evaluate training effectiveness | Effektivität der Schulung bewerten |

## 6. Compensation and Benefits / Vergütung und Leistungen

| | |
|---|---|
| Process payroll on time | Gehaltsabrechnung pünktlich durchführen |
| Administer benefits programs | Leistungsprogramme verwalten |
| Handle bonus and incentive plans | Bonus- und Anreizpläne verwalten |
| Review compensation policies | Vergütungspolitik überprüfen |

**ENG**

## 7. Employee Engagement and Retention / Mitarbeiterbindung und -engagement

| | |
|---|---|
| Conduct employee satisfaction surveys | Mitarbeiterzufriedenheitsumfragen durchführen |
| Organize team-building activities | Teambuilding-Aktivitäten organisieren |
| Recognize and reward achievements | Leistungen anerkennen und belohnen |
| Address employee concerns proactively | Mitarbeiteranliegen proaktiv angehen |

## 8. Compliance and Legal Requirements / Einhaltung von Vorschriften und gesetzlichen Anforderungen

| | |
|---|---|
| Ensure compliance with labor laws | Einhaltung der Arbeitsgesetze sicherstellen |
| Conduct workplace safety training | Schulung zur Arbeitsplatzsicherheit durchführen |
| Manage reporting obligations | Berichtspflichten verwalten |
| Stay updated on HR regulations | Auf dem Laufenden über HR-Vorschriften bleiben |

 ENG

 DE

## 9. Offboarding Process / Offboarding-Prozess

Conduct exit interviews

Austrittsgespräche führen

Process final payroll and benefits

Letzte Gehaltsabrechnung und Leistungen bearbeiten

Revoke system access and collect company assets

Systemzugänge widerrufen und Firmeneigentum einsammeln

Provide employment references if requested

Arbeitszeugnisse auf Anfrage bereitstellen

# Notizen

# 1. Recruitment and Hiring

## a. Formulating Job Advertisements

We are looking for a highly motivated Marketing Specialist to join our dynamic team. The ideal candidate will have at least three years of experience in digital marketing and excellent communication skills.

## b. Explaining Application Processes

The application process consists of three stages: an online application, a phone interview, and a final in-person interview with the hiring manager.

## c. Conducting Interviews

Example Dialogue:

 Can you tell us about a challenging project you managed and how you handled it?

Candidate: Certainly. In my previous role, I led a team to deliver a project within a tight deadline. We encountered resource shortages, but I prioritized tasks and allocated resources efficiently to complete the project on time.

## 1. Mitarbeitergewinnung und Einstellung

**a. Formulierung von Stellenanzeigen**

Wir suchen einen hochmotivierten Marketing-Spezialisten, der unser dynamisches Team verstärkt. Der ideale Kandidat verfügt über mindestens drei Jahre Erfahrung im digitalen Marketing und ausgezeichnete Kommunikationsfähigkeiten.

**b. Erklärung von Bewerbungsprozessen**

Der Bewerbungsprozess besteht aus drei Phasen: einer Online-Bewerbung, einem Telefongespräch und einem abschließenden persönlichen Gespräch mit dem Einstellungsleiter.

**c. Durchführung von Vorstellungsgesprächen**

Beispieldialog:

 Können Sie uns von einem herausfordernden Projekt erzählen, das Sie geleitet haben, und wie Sie es gemeistert haben?

Kandidat: Natürlich. In meiner vorherigen Position habe ich ein Team geleitet, um ein Projekt innerhalb einer engen Frist abzuschließen. Wir hatten Ressourcenengpässe, aber ich habe Aufgaben priorisiert und Ressourcen effizient verteilt, um das Projekt rechtzeitig fertigzustellen.

### d. Providing Feedback to Candidates

Positive Feedback Example:

Thank you for your application. We were impressed by your skills and experience, and we would like to invite you to the next stage of the process.

Negative Feedback Example:

Thank you for your application. While your qualifications are impressive, we have decided to move forward with another candidate.

### e. Contract Negotiations

We are pleased to offer you the position with a starting salary of $50,000 per year. Please let us know if you have any questions or would like to discuss the terms further.

## 2. Onboarding

### a. Welcoming New Employees

Welcome to the team! We are excited to have you on board and look forward to working with you.

Positives Feedback Beispiel:

Vielen Dank für Ihre Bewerbung. Ihre Fähigkeiten und Erfahrungen haben uns beeindruckt, und wir möchten Sie zur nächsten Phase des Prozesses einladen.

Negatives Feedback Beispiel:

Vielen Dank für Ihre Bewerbung. Obwohl Ihre Qualifikationen beeindruckend sind, haben wir uns entschieden, mit einem anderen Kandidaten fortzufahren.

**e. Vertragsverhandlungen**

Wir freuen uns, Ihnen die Position mit einem Einstiegsgehalt von 50.000 $ pro Jahr anbieten zu können. Bitte lassen Sie uns wissen, wenn Sie Fragen haben oder die Bedingungen weiter besprechen möchten.

## 2. Einarbeitung

**a. Begrüßung neuer Mitarbeiter**

Willkommen im Team! Wir freuen uns, Sie an Bord zu haben und mit Ihnen zusammenzuarbeiten.

## b. Explaining Policies and Culture

At our company, we value collaboration, innovation, and integrity. Please take some time to review the employee handbook for detailed information on our policies.

## 3. Employee Relations

### a. Conflict Management

Let's work together to find a solution that satisfies both parties. Can you share your perspective on the issue?

### b. Performance Reviews

You've made great progress this quarter. One area for improvement might be meeting deadlines more consistently.

### c. Handling Complaints

Thank you for bringing this issue to our attention. We will investigate it thoroughly and ensure that it is addressed appropriately.

## 4. Offboarding

### a. Conducting Exit Interviews

We value your feedback. Can you share what led to your decision to leave the company?

### b. Erklärung von Richtlinien und Unternehmenskultur

In unserem Unternehmen legen wir Wert auf Zusammenarbeit, Innovation und Integrität. Bitte nehmen Sie sich Zeit, das Mitarbeiterhandbuch für detaillierte Informationen zu unseren Richtlinien durchzulesen.

## 3. Mitarbeiterbeziehungen

### a. Konfliktmanagement

Lassen Sie uns zusammenarbeiten, um eine Lösung zu finden, die beide Parteien zufriedenstellt. Können Sie Ihre Perspektive zu dem Thema schildern?

### b. Leistungsbeurteilungen

Sie haben in diesem Quartal großartige Fortschritte gemacht. Ein Bereich, in dem Sie sich verbessern könnten, ist die konsequentere Einhaltung von Fristen.

### c. Umgang mit Beschwerden

Vielen Dank, dass Sie uns auf dieses Problem aufmerksam gemacht haben. Wir werden es gründlich untersuchen und sicherstellen, dass es angemessen behandelt wird.

## b. Handling Termination Conversations

This was not an easy decision, but we believe it is the best course of action for both you and the company. We're here to support you through this transition.

## 4. Austrittsprozess

### a. Durchführung von Austrittsgesprüchen

Wir schätzen Ihr Feedback. Können Sie uns mitteilen, was Sie zu Ihrer Entscheidung, das Unternehmen zu verlassen, bewogen hat?

### b. Führen von Kündigungsgesprüchen

Diese Entscheidung fiel uns nicht leicht, aber wir glauben, dass sie sowohl für Sie als auch für das Unternehmen der beste Weg ist. Wir stehen Ihnen in dieser Übergangsphase zur Seite.

# COMMUNICATION EXAMPLE: SPEAKING WITH A BUSINESS PARTNER IN ENGLISH

Here's a structured approach to ensure effective communication with an English-speaking business partner. Each step includes an example and tips to avoid direct translations that may sound awkward or inappropriate.

## 1. Greeting and Opening the Conversation

Start with a professional and polite greeting. Avoid overly casual language unless you have an established rapport.

**Example:**

You: „Good morning, Mr. Johnson. Thank you for taking the time to meet with me today. How are you doing?"

(Avoid directly translating „Wie geht es Ihnen?" to „How goes it with you?" as it sounds unnatural.)

**Tip**: Use phrases like „How are you?" or „How have you been?" instead of literal translations.

## 2. Setting the Agenda

Clearly state the purpose of the meeting and show appreciation for their time.

Example:

You: „The main purpose of today's meeting is to discuss the partnership opportunities for our new project. I'd like to hear your thoughts and explore how we can collaborate effectively."

(Avoid translating „Hauptzweck" directly to „Main purpose," as the tone might seem stiff without the context. Use natural phrases like „The main purpose of today's meeting is...")

Tip: Use phrases like „I'd like to discuss..." or „Let's go over..." instead of rigid, word-for-word translations.

## 3. Active Listening and Clarifying

Show that you're engaged by paraphrasing their points and asking clarifying questions.

**Example:**

Partner: „We're interested in exploring joint ventures, but we'd need more details about your proposal."

You: „I understand you're interested in joint ventures. Could you let me know which aspects of the proposal you'd like more clarity on?"

(Avoid „Can you say that again?" unless absolutely necessary; instead, rephrase their points to confirm understanding.)

**Tip:** Use phrases like „Could you elaborate on that?" or „Let me make sure I've understood correctly."

## 4. Making Requests or Proposals

When proposing an idea, use polite and tentative language. Avoid direct commands, which can sound too abrupt.

**Example:**

You: „Would it be possible to schedule a follow-up call next week to discuss this further?"

(Avoid directly translating „Könnten wir nächste Woche einen Anruf vereinbaren?" as „Could we arrange a call?" without softening it, which might sound pushy.)

**Tip:** Use phrases like „Would it be possible to..." or „I was wondering if we could..." to maintain a polite tone.

## 5. Negotiating and Problem-Solving

Use softeners and diplomatic language to maintain a collaborative atmosphere.

**Example:**

You: „I see your point about the timeline. Perhaps we could consider extending the deadline slightly to ensure better quality?"

(Avoid direct translations like „Wir müssen die Deadline verlängern" to „We must extend the deadline," which might sound demanding.)

**Tip:** Use phrases like „Perhaps we could consider..." or „Would it be possible to..." to suggest alternatives.

## 6. Closing the Conversation

End the discussion with a summary and a clear next step.

Example:

You: „Thank you for this productive discussion. I'll prepare a revised proposal and send it to you by Friday. Please let me know if there's anything else you'd like to include."

(Avoid translating „Vielen Dank für das Gespräch" to „Thanks for the conversation," as it sounds too casual in business settings.)

Tip: Use phrases like „Thank you for your time today" or „This was a very productive meeting" to leave a professional impression.

# ADDITIONAL TIPS FOR ENGLISH BUSINESS COMMUNICATION

## Avoid overly literal translations: Direct translations often miss nuances in tone and culture.

German: „Ich denke, das ist eine gute Idee."

Literal translation: „I think this is a good idea."

Better in English: „I believe this is a promising idea."

Use softeners: English often uses indirect phrasing to sound polite.

Instead of „We need this by Friday," say, „Would it be possible to have this by Friday?"

Watch idiomatic expressions: Avoid using German idioms that don't translate directly into English.

German: „Ich drücke die Daumen."

English: „Fingers crossed!" (not „I press the thumbs.")

Be mindful of formality: Tailor your tone to the relationship. Use titles like „Mr." or „Ms." unless you're invited to use first names.

By following these steps and tips, you can ensure that your communication in English is clear, professional, and culturally appropriate

# Notizen

# ESSENTIAL VOCABULARY AND GUIDING PRINCIPLES

# VOKABELN UND LEITSÄTZE

# Vokabel

| Englisch | Deutsch |
|---|---|
| Account | Konto |
| Agenda | Tagesordnung |
| Agreement | Vereinbarung |
| Application | Anwendung |
| Attachment | Anhang |
| Authorization | Genehmigung |
| Balance | Bilanz |
| Budget | Haushalt |
| Business trip | Geschäftsreise |
| Calendar | Kalender |
| Colleague | Kollege/Kollegin |
| Communication | Kommunikation |
| Conference | Konferenz |
| Contract | Vertrag |
| Customer | Kunde/Kundin |
| Deadline | Frist |
| Department | Abteilung |

# Vokabel

| Englisch | Deutsch |
| --- | --- |
| Discussion | Diskussion |
| Document | Dokument |
| Employee | Mitarbeiter/Mitarbeiterin |
| Feedback | Rückmeldung |
| File | Datei |
| Folder | Ordner |
| Invoice | Rechnung |
| Job description | Stellenbeschreibung |
| Management | Management |
| Meeting | Besprechung |
| Minutes | Protokoll |
| Network | Netzwerk |
| Office supplies | Bürobedarf |
| Presentation | Präsentation |
| Procedure | Verfahren |
| Project | Projekt |
| Report | Bericht |

| Vokabel | |
|---|---|
| **Englisch** | **Deutsch** |
| Resolution | Lösung |
| Schedule | Zeitplan |
| Signature | Unterschrift |
| Software | Software |
| Strategy | Strategie |
| Supervisor | Vorgesetzter/Vorgesetzte |
| Task | Aufgabe |
| Team | Team |
| Template | Vorlage |
| Timeline | Zeitleiste |
| Training | Schulung |
| Vacation | Urlaub |
| Workplace | Arbeitsplatz |
| Application | Bewerbung |
| Applicant | Bewerber/Bewerberin |
| Assessment | Bewertung |
| Benefits | Leistungen |

# Vokabel

| Englisch | Deutsch |
| --- | --- |
| Candidate | Kandidat/Kandidatin |
| Career | Karriere |
| Certification | Zertifizierung |
| Compensation | Vergütung |
| Compliance | Einhaltung |
| Contract | Vertrag |
| Diversity | Vielfalt |
| Employee | Mitarbeiter/Mitarbeiterin |
| Employer | Arbeitgeber |
| Feedback | Rückmeldung |
| Hiring process | Einstellungsprozess |
| Interview | Vorstellungsgespräch |
| Job advertisement | Stellenanzeige |
| Job description | Stellenbeschreibung |
| Leave | Urlaub |
| Onboarding | Einarbeitung |
| Payroll | Gehaltsabrechnung |

# Vokabel

| Englisch | Deutsch |
| --- | --- |
| Performance review | Leistungsbeurteilung |
| Policy | Richtlinie |
| Promotion | Beförderung |
| Recruitment | Personalbeschaffung |
| Reference | Referenz |
| Resignation | Kündigung |
| Retirement | Ruhestand |
| Salary | Gehalt |
| Skill development | Kompetenzentwicklung |
| Team building | Teambildung |
| Termination | Beendigung |
| Training | Schulung |
| Vacancy | Stellenangebot |
| Work-life balance | Work-Life-Balance |
| Applicant | Bewerber/Bewerberin |
| Workplace safety | Arbeitssicherheit |

# Leitsätze

| Englisch | Deutsch |
| --- | --- |
| We are currently hiring for multiple positions. | Wir stellen derzeit für mehrere Positionen ein. |
| Please submit your application before the deadline. | Bitte reichen Sie Ihre Bewerbung vor Ablauf der Frist ein. |
| Could you provide a reference from your previous employer? | Könnten Sie eine Referenz von Ihrem vorherigen Arbeitgeber vorlegen? |
| The interview will take place on Monday at 10 a.m. | Das Vorstellungsgespräch findet am Montag um 10 Uhr statt. |
| Your onboarding process will start next week. | Ihr Einarbeitungsprozess beginnt nächste Woche. |
| You are entitled to 30 days of annual leave. | Sie haben Anspruch auf 30 Tage Jahresurlaub. |
| Our company values diversity and inclusion. | Unser Unternehmen legt Wert auf Vielfalt und Integration. |
| Performance reviews are conducted every six months. | Leistungsbeurteilungen werden alle sechs Monate durchgeführt. |
| Please sign the employment contract and return it by email. | Bitte unterschreiben Sie den Arbeitsvertrag und senden Sie ihn per E-Mail zurück. |
| The training session will cover workplace safety guidelines. | Die Schulung wird die Richtlinien zur Arbeitssicherheit behandeln. |

# Leitsätze

| Englisch | Deutsch |
| --- | --- |
| Your salary will be reviewed at the end of the probation period. | Ihr Gehalt wird am Ende der Probezeit überprüft. |
| We offer various benefits, including health insurance and a retirement plan. | Wir bieten verschiedene Leistungen, darunter eine Krankenversicherung und einen Altersvorsorgeplan. |
| If you have any concerns, please reach out to the HR department. | Wenn Sie Bedenken haben, wenden Sie sich bitte an die Personalabteilung. |
| Team building activities are scheduled for next Friday. | Teambildungsaktivitäten sind für nächsten Freitag geplant. |
| All employees must comply with the company's policies. | Alle Mitarbeiter müssen sich an die Richtlinien des Unternehmens halten. |
| Resignations must be submitted in writing with a two-week notice. | Kündigungen müssen schriftlich mit einer zweiwöchigen Frist eingereicht werden. |
| We encourage skill development through various training programs. | Wir fördern die Kompetenzentwicklung durch verschiedene Schulungsprogramme. |
| Your feedback is important for improving our processes. | Ihr Feedback ist wichtig, um unsere Prozesse zu verbessern. |
| The job description includes all key responsibilities and requirements. | Die Stellenbeschreibung enthält alle wesentlichen Aufgaben und Anforderungen. |

# Leitsätze

| Englisch | Deutsch |
|---|---|
| Work-life balance is a priority in our organization. | Work-Life-Balance hat in unserem Unternehmen Priorität. |
| | |
| | |
| | |
| | |
| | |
| | |
| | |
| | |
| | |
| | |
| | |
| | |

# 1. Einführung in HR-spezifisches Business-Englisch

Beispiel: "Using clear and concise language is crucial when drafting job descriptions or policies."

Deutsche Übersetzung: „Klare und prägnante Sprache ist entscheidend beim Verfassen von Stellenbeschreibungen oder Richtlinien."

# 2. Rekrutierung und Bewerbungsgespräche

## Stellenanzeige:

"We are looking for a dynamic HR Manager with experience in talent acquisition."

„Wir suchen einen dynamischen HR-Manager mit Erfahrung in der Personalbeschaffung."

## Bewerbungsgespräch:

Frage: "Can you describe a challenging situation you faced in your previous role and how you handled it?"

Antwort: "In my previous role, I streamlined the onboarding process, reducing the average time by 20%."

*Beispiel-Dialog:*

Interviewer: "Can you explain why you're interested in this position?"

Bewerber: I am passionate about talent development and believe that my skills align with your company's goals."

Interviewer: "What steps would you take to improve employee retention?"

**Bewerber:** I would analyze feedback from exit interviews and implement targeted engagement strategies."

## 3. Vertragswesen und Arbeitsrecht

### Arbeitsvertrag:

"This contract is subject to a six-month probationary period."

„Dieser Vertrag unterliegt einer sechsmonatigen Probezeit."

### Kündigung:

"Employees are required to give four weeks' notice before termination."

„Mitarbeiter sind verpflichtet, eine vierwöchige Kündigungsfrist einzuhalten."

*Beispiel-Dialog:*

**HR:** "We need to discuss the terms of your new contract."

**Mitarbeiter:** "Could you clarify the probationary period?"

**HR:** "Of course. The probationary period is six months, during which both parties can terminate the contract with two weeks' notice."

## 4. Onboarding und Mitarbeiterbindung

### Onboarding-Email:

"Welcome to the team! Please find your onboarding schedule attached."

„Willkommen im Team! Im Anhang finden Sie Ihren Einarbeitungsplan."

## Mitarbeiterbindung:

"Regular check-ins help us understand how we can support your professional growth."

„Regelmäßige Gespräche helfen uns, zu verstehen, wie wir Ihr berufliches Wachstum unterstützen können."

## 5. Schulungen und Entwicklung

### Schulungsplanung:

"The upcoming workshop will focus on leadership and team management."

„Der bevorstehende Workshop konzentriert sich auf Führung und Teammanagement."

### Kompetenzanalyse:

"We identified key areas for development during your performance review."

„Während Ihrer Leistungsbeurteilung haben wir wichtige Entwicklungsbereiche identifiziert."

*Beispiel-Dialog:*

HR: "We have a leadership training next month. Would you be interested?"

Mitarbeiter: "Yes, that sounds like a great opportunity."

HR: "Perfect. I'll send you the details later today."

# 6. Gehalts- und Vergütungsmanagement

## Gehaltsverhandlung:

"Based on industry standards, we believe this offer is competitive."

„Basierend auf Branchenstandards glauben wir, dass dieses Angebot wettbewerbsfähig ist."

## Zusatzleistungen:

"Our benefits package includes health insurance and annual bonuses."

„Unser Leistungspaket umfasst eine Krankenversicherung und jährliche Boni."

*Beispiel-Dialog:*

Mitarbeiter: "Is there room to negotiate the salary?"

HR: "We can discuss adjustments after the probationary period based on performance."

Mitarbeiter: "That sounds reasonable. Thank you."

# 7. Diversity, Equity, and Inclusion (DEI)

## Diversity-Erklärung:

"Our company is committed to creating an inclusive workplace for all employees."

„Unser Unternehmen verpflichtet sich, einen integrativen Arbeitsplatz für alle Mitarbeiter zu schaffen."

## Kulturförderung:

"We encourage open communication to foster a collaborative environment."

„Wir fördern offene Kommunikation, um ein kooperatives Umfeld zu schaffen."

## Kulturelle Sensibilität:

"Please respect cultural differences during international meetings."

„Bitte respektieren Sie kulturelle Unterschiede bei internationalen Meetings."

*Beispiel-Dialog:*

Mitarbeiter:  "I feel that my cultural background isn't always understood."

HR:  "Thank you for sharing that. How can we better support you?"

Mitarbeiter:  "Perhaps a workshop on cultural awareness could help."

HR:  "That's a great idea. I'll look into organizing one."

## 8. Konfliktmanagement

### Konfliktgespräch:

"Let's address this issue openly to find a constructive solution."

„Lassen Sie uns dieses Problem offen ansprechen, um eine konstruktive Lösung zu finden."

## Disziplinarmaßnahmen:

"This is a formal warning due to repeated violations of company policies."

„Dies ist eine formelle Abmahnung wegen wiederholter Verstöße gegen Unternehmensrichtlinien."

*Beispiel-Dialog:*

HR: "I'd like to discuss an incident that occurred last week."

Mitarbeiter: "I understand. What steps can I take to improve?"

HR: "We'll create a performance improvement plan together."

## 9. Unternehmenskultur und Kommunikation

### Rundschreiben:

"Our quarterly team-building event will take place next Friday."

„Unser vierteljährliches Teambuilding-Event findet nächsten Freitag statt."

### Rundschreiben:

"We encourage open communication to foster a collaborative environment."

„Wir fördern offene Kommunikation, um ein kooperatives Umfeld zu schaffen."

Mitarbeiter: "I have an idea to improve our internal communication."

HR: "That's great. Let's schedule a meeting to discuss it further."

## 10. Internationale HR-Kommunikation

### Interkulturelle Zusammenarbeit:

"Effective communication is key when working with global teams."

„Effektive Kommunikation ist der Schlüssel bei der Zusammenarbeit mit globalen Teams."

### Internationale Verträge:

"This agreement complies with local labor laws and regulations."

„Diese Vereinbarung entspricht den lokalen Arbeitsgesetzen und Vorschriften."

*Beispiel-Dialog:*

HR: "How can we ensure smooth communication with our overseas teams?"

Manager: "Regular virtual check-ins and clear documentation would help."

# 11. Technologische Trends und HR-Tools

### HR-Software:

"Our new applicant tracking system simplifies the hiring process."

„Unser neues Bewerbermanagementsystem vereinfacht den Einstellungsprozess."

### Digitale Trends:

"AI-driven analytics help us identify talent gaps in real-time."

„KI-gestützte Analysen helfen uns, Talentlücken in Echtzeit zu identifizieren."

# 12. Praktische Übungen und Fallstudien

### Szenario: Bewerbungsgespräch:

Interviewfrage: "What motivates you to excel in your work?"

Mögliche Antwort: "I thrive when working on challenging projects that allow me to grow."

Fallstudie: Konfliktlösung:

Beschreibung: Zwei Mitarbeiter haben wiederholt Meinungsverschiedenheiten über Arbeitsaufgaben.

Aufgabe: Entwickeln Sie eine Strategie, um den Konflikt zu lösen.

# ADVANCED BUSINESS ENGLISH EXERCISES

# GENERAL BUSINESS ENGLISH EXERCISES

## Exercise 1: Vocabulary in Context

Fill in the blanks with the correct business-related word:

1. The company's _____ strategy focuses on innovation and customer satisfaction.

2. To _____ a successful negotiation, both parties need to find common ground.

3. The quarterly _____ shows a significant increase in revenue.

---
**Solution**

1. growth // 2. achieve // 3. report

---

## Exercise 2: Sentence Rewriting

Rewrite the following sentences to make them more formal:

1. Can you give me more info about the project?
2. We need to cut down on unnecessary expenses.

---
**Solution**

2. We need to cut down on unnecessary expenses.
1. Can you give me more info about the project?

---

# Exercise 3: Matching Terms

Rewrite the following sentences to make them more formal:

Match the business term with its definition:

1. Stakeholder

   a. The total income generated by a company.

2. Revenue

   b. A person or group with an interest in the success of a company.

3. Market share

   c. The portion of a market controlled by a company.

---

**Solution**

1 - b // 2 - a // 3 - c

---

# BUSINESS ENGLISH EXERCISES FOR HR

## Exercise 1: HR Vocabulary

Choose the correct word to complete the sentence:

1. 1. The HR department is responsible for _____ new employees. (hiring / firing)

2. 2. During the _____ process, new hires learn about company policies. (onboarding / offboarding)

3. 3. An exit interview is conducted during the _____ phase. (recruitment / offboarding)

> **Solution**
>
> 1. hiring // 2. onboarding // 3. offboarding

## Exercise 2: Role-Play Scenario

Imagine you are an HR manager conducting a performance review. Create a dialogue where you:

1. Provide positive feedback.
2. Discuss areas for improvement.
3. Set goals for the next quarter.

---

**Solution (Example):**

HR Manager: Thank you for your hard work this quarter. Your attention to detail has greatly improved our reporting process.

Employee: Thank you. I've been focusing on accuracy.

HR Manager: One area to work on is time management during projects. For the next quarter, let's aim to complete reports two days before the deadline.

Employee: I'll work on that. Thank you for the feedback.

---

# Exercise 3: Policy Writing

Write a short policy for remote work, covering:

1. Work hours
2. Communication expectations
3. Data security

---

**Solution (Example):**

Remote Work Policy:

1. Employees must be available online from 9:00 AM to 5:00 PM.

2. All meetings should be conducted via the company's video conferencing tool.

3. Confidential company data must only be accessed through security

---

# BUSINESS ENGLISH EXERCISE WITH SOLUTION

## Exercise: Business Email Correction

Below is a business email with several mistakes in grammar, tone, and formatting. Read the email and rewrite it professionally.

Subject: Need Information ASAP

Hi Mr. Smith,

I want to know about the new contract details you sent. There are some points which are not clear, and I need them explained fast. Also, when will the payment be made? We expected it last week.

Pls reply soon.

Thx,
John

## Solution: Corrected Business Email

**Subject:** Clarification on Contract Details

Dear Mr. Smith,

I hope you are doing well.

I am reaching out to request clarification on some details regarding the new contract you sent. There are a few points that are unclear, and I would appreciate it if you could provide further explanation at your earliest convenience.

Additionally, could you kindly confirm the expected payment date? We had anticipated the payment last week and would appreciate an update.

Thank you for your time and assistance. I look forward to your response.

Best regards,
John

**ENG**

# KEY BUSINESS ENGLISH LESSONS FROM THIS EXERCISE:

✓ **Professional tone** – Avoid informal language like „ASAP,"
   „Pls," and „Thx."
✓ **Politeness & structure** – Use a greeting, introduction, main request, and closing.
✓ **Clear & concise language** – Be specific without being demanding

## Business English Exercise with Solution

**Exercise: Filling in the Gaps (Formal Business Communication)**

Fill in the blanks with the most appropriate words from the list below:

**(appreciate, regarding, hesitate, clarify, convenient, forward, schedule, inform, attached, assist)**

**Subject: Follow-up on Meeting Request**

Dear Ms. Johnson,

I hope this email finds you well.

I am writing to _____ (1) you that our team would like to _____ (2) a meeting next week _____ (3) the project timeline and deliverables. Please let us know a _____ (4) time that works for you.

Additionally, please find _____ (5) the latest report for your review. If you have any questions, feel free to _____ (6) out to me. We would _____ (7) any feedback you may have and are

happy to _____ (8) with any additional details you may need.

Looking _____ (9) to your response. Please do not _____ (10) to contact me if you require any further information.

Best regards,
Emily Carter

# KEY BUSINESS ENGLISH LESSONS FROM THIS EXERCISE:

- ✓ **Polite and professional phrasing** – „Looking forward to your response" instead of „Reply soon."
- ✓ **Common business vocabulary** – Words like „schedule," „clarify," and „convenient" are useful in emails.
- ✓ **Proper structure** – Start with a greeting, state the purpose, provide details, and close politely.

## Summary: Key Insights and Outlook

### 1. Phrasal Verbs im Business-Kontext

Leitfaden:

- **Phrasal Verbs** sind feste Ausdrücke, die aus einem Verb und einem Präpositionsteil bestehen. Sie sind im Business-Englisch häufig zu finden und haben oft idiomatische Bedeutungen.

Beispiele:

- **Bring up** (ein Thema ansprechen)
- **Carry out** (eine Aufgabe ausführen)
- **Turn down** (ein Angebot ablehnen)
- **Set up** (ein Meeting arrangieren)

Dialog-Beispiel:

**Manager:** *„Could you bring up the budget report in the meeting?"*

**Team Member:** *„Of course. I'll also carry out the revisions you requested by Friday."2. Verhandlungsgespräche*

## 2. Verhandlungsgespräche

**Leitfaden:**

- Bei Verhandlungen geht es um das Geben und Nehmen. Fortgeschrittene Taktiken beinhalten Diplomatie, Flexibilität und strategische Kommunikation.

**Zentrale Phrasen:**

- „Let's find a solution that works for both parties."
- „We're willing to consider your offer, but..."
- „How flexible are you on this point?"

**Dialog-Beispiel:**

**Verhandler A:** *„We appreciate your offer, but the pricing is higher than expected. Could you lower it by 10%?"*

**Verhandler B:** *„I understand your concern. We could potentially meet in the middle at a 5% reduction."*

**Verhandler A:** *„That sounds more reasonable. Let's finalize the details."*

## 3. Performance Reviews

**Leitfaden:**

- Eine Leistungsbeurteilung sollte konstruktives Feedback enthalten, das auf klaren Beispielen basiert. Es ist wichtig, sowohl positive als auch verbesserungswürdige Punkte zu betonen.

## Zentrale Phrasen:

- „You've demonstrated strong leadership skills this quarter."
- „One area for improvement is meeting deadlines more consistently."
- „I suggest you focus on..."

## Dialog-Beispiel:

**Manager:** „You've shown great initiative in leading the project, and your communication with the team has been excellent."

**Mitarbeiter:** „Thank you. I'll continue working on that."

**Manager:** „One area for growth is ensuring that all reports are submitted on time. Let's create a plan to help with that."

## 4. Emails mit Nuancen

## Leitfaden:

- E-Mails erfordern eine klare, präzise Sprache, besonders wenn es um **Absagen, Eskalationen oder Vorschläge** geht. Höflichkeit und Professionalität sind dabei wichtig.

## Beispiele für Ton und Nuancen:

- **Vorschlag ablehnen:**

  *„Thank you for your suggestion. After careful consideration, we've decided to pursue another approach. We appreciate your understanding."*

- **Eskalation ansprechen:**

*„I wanted to bring this issue to your attention as it's becoming more urgent. Could we arrange a meeting to discuss possible solutions?"*

**Beispiel-E-Mail:**

**Betreff:** Follow-Up on Project Timeline

*Dear [Name],*

*I hope this email finds you well. I wanted to follow up on the status of the project timeline, as we are nearing the deadline. Could you provide an update on the current progress and any potential risks? I would appreciate a response by Friday.*

*Best regards,*
*[Your Name]*

---

## 5. Conflict Resolution

**Leitfaden:**

- Konfliktlösung erfordert geschicktes Zuhören, Empathie und klare Kommunikation. Es ist wichtig, Emotionen zu entschärfen und sich auf Lösungen zu konzentrieren.

- **Zentrale Phrasen:**
  - „Let's focus on finding a way forward."
  - „I understand your perspective. Here's how I see it."
  - „How can we resolve this in a way that works for everyone?"

**Dialog-Beispiel:**

**Mitarbeiter A:** „I feel like my concerns aren't being heard in team meetings."

**Mitarbeiter B:** „I'm sorry you feel that way. Can we discuss how we can ensure everyone's input is considered moving forward?"

**Mitarbeiter A:** „That would help a lot. Maybe we can set up a clearer process for speaking up."

---

## 6. Präsentationen und Pitches

Leitfaden:

*   Eine erfolgreiche Präsentation hängt von Struktur, Klarheit und überzeugenden Argumenten ab. Verwende **Übergänge** und **Verbindungen** zwischen den Punkten.

*   **Zentrale Phrasen:**
    *   „Today, I'll walk you through..."
    *   „Let's move on to the next point."
    *   „In conclusion, our proposal will..."

**Dialog-Beispiel:**

Presenter: „Thank you for joining today's meeting. First, I'll walk you through the current project milestones. After that, we'll discuss next steps. Let's start with the timeline..."

## 7. Interkulturelle Kommunikation

**Leitfaden:**

- Interkulturelle Kommunikation ist in globalen Teams entscheidend. Unterschiedliche Kulturen haben unterschiedliche Erwartungen an Höflichkeit, Direktheit und Körpersprache.

**Beispiele:**

- USA: Direktheit ist häufig erwünscht, aber trotzdem höflich.
- Japan: Höfliche Zurückhaltung ist häufig. Überstürzte Entscheidungen sind unüblich.
- UK: Diplomatische, indirekte Sprache wird oft verwendet.

**Dialog-Beispiel:**

**Manager (USA):** *„Can we finalize this by the end of the week?"*

**Team Member (Japan):** *„I will do my best, but I may need a little more time to ensure the quality meets your expectations."*

## 8. Networking und Small Talk

**Leitfaden:**

- Small Talk beim Networking ist eine Kunst. Fortgeschrittene Englischsprecher sollten lernen, Gespräche informell zu beginnen und dann auf Geschäftsangelegenheiten überzuleiten.

**Zentrale Phrasen:**

- *„It's great to meet you. How are you finding the conference so far?"*
- *„By the way, I wanted to ask you about..."*

**Dialog-Beispiel:**

**Person A:** *„Hi, nice to meet you! Are you enjoying the event?"*

**Person B:** *„Yes, it's been really informative. By the way, I heard your company is launching a new product?"*

---

## 9. Train-the-Trainer-Dialoge

**Leitfaden:**

*   Beim Leiten von **Schulungen** kommt es darauf an, klare Anweisungen zu geben und das Engagement der Teilnehmer zu fördern.

**Zentrale Phrasen:**

*   *„Today's session will focus on..."*
*   *„Let's break into small groups to discuss..."*
*   *„Does anyone have any questions before we move on?"*

**Dialog-Beispiel:**

**Trainer:** *„Today we'll be covering advanced negotiation techniques. First, I'll introduce the key principles, and then we'll move into a role-play exercise. Does anyone have questions before we start?"*

# BUSINESS ENGLISCH

**Teil 1**

## Praxisorientierter Leitfaden  auf Deutsch und Englisch
## FÜR HR-MANAGER*INNEN

**ISBN:** 978-3-7562-2088-5

**Verlag:** BoD – Books on Demand

**Auflage:** 2